国際線機長の危機対応力

何が起きても動じない人材の育て方

横田友宏
Yokota Tomohiro

PHP新書

はじめに　パイロットの仕事――未来を変えるためにいま行動する

飛行機の操縦とは、未来を変えるためにいま行動することである。

前方に積乱雲がある場合、ぎりぎりではなく、はるかに余裕があるうちから管制官に雲を避ける方向に飛ぶ許可をもらって、積乱雲を避けなければならない。これを直前になってやろうと思っていると、他機が交信中で自分が管制官と話すことができないかもしれないし、すぐには許可が出ないかもしれない。新しい方向をもらうのが遅れれば遅れるほど、時間も燃料も余分に消費する。

この「未来を変えるために、将来を予測していま行動する」力こそ、パイロットの本質である。

いま起こっている事象を見て、それに対処するだけの人間は、決してパイロットにはなれない。

まだ事実が事実としての実態を持たない、兆《きざ》しの段階でそれを捕まえ、その兆しがいかなるものに発展するかを見極め、その兆しに対応するために様々な対応を行なっておく。そのため、困った事態は何も起こらず、起こった事態はすでに予測済みのものであり、あらかじめ対策がすでに打ってある。これがパイロットの理想の姿である。

ゆえに、理想のパイロットのフライトには何も起こらない。それはあたかもついている人間の周りによいことだけが起こり、悪いことが全く起こらないのと似ている。しかしながら、パイロットの場合はその「つき」を自らの判断力と予測力で引き起こしているところに大きな違いがある。

飛行機の操縦では将来、自分が困らないようにいま対処しておくのが基本である。何かが起こってからそれに対応しようとする者は、その時点で一歩も二歩も後れを取っていることになる。

©チャーリィ古庄

国際線機長の危機対応力――目次――

第二章　よいパイロットになるために

第三章 副操縦士のマネジメント

第四章 どうすれば訓練生が育つのか

第五章 パイロットの役割の変遷

おわりに――暗黙知の伝承　

第一章

機長はコックピットで何をしているのか

資質のない者がいてはいけない世界

資質のない者をパイロットにしてしまうと、数百人の命を危険にさらすことになる。教官は、パイロットの資質を持たない訓練生はパイロットにさせない、という厳しさを持たなければならない。最も重要なのは乗客の命である。また事故を起こせば本人の命もなくなってしまうし、残された家族も悲しみに突き落とす。

教官も人間である以上、長く付き合った訓練生、自分が努力を注いだ訓練生に対して情が移る。しかしながら、情の世界に流されることがあってはならない。パイロットに必要な資質を身につけられなかった訓練生に対しては、いかに情が移ろうとも、いかに本人が努力をしていようとも、明確に駄目を出さなければならない。これができない教官は、教官の資質がない。いかに教え方がうまくとも、自ら教官職を離れるべきである。また上司は、このような人間を教官のまま留めておいてはいけない。

パイロットになる資質がない訓練生に駄目を出し、機長になる資質がない副操縦士に駄目を出すことも、究極の慈悲の表れである。

コックピットは、資質がない者がいてはいけない世界なのである。

原理原則は未知のことに対処できる

パイロットの世界で、訓練生に最初に教えるのが原理原則である。原理原則を教えずに、いきなり個別のことを教え出すと、訓練生は教えられた事象にだけは対処できるが、少し状況が変わると対処できなくなる。原理原則を教えておけば、自分が知らない未知のことに遭遇しても対処できる可能性が高くなる。

訓練生が間違えた場合、個別の事象を指摘するのではなく、最初に原理原則を説明する。その原理原則に照らし合わせて先ほどの行動がどうだったのかを考えてもらう。このやり方を取れば、将来的に自分が経験していないことが起きても十分に対処できるようになる。

原理原則1　管制官とのやりとり――「もう一度言ってください」

現代の航空界で、一番弱い部分が管制である。飛行機の数はどんどん増加するし、空港の数は増え、空域はますます狭くなる。成田と羽田、関西と伊丹と神戸のように狭い範囲に複数の空港があり、それぞれの空港への離着陸を同時にさばかなければいけない場所も増えている。

管制官とたくさんのパイロットはたった一つの周波数でしか話せない。一つの周波数であるので、誰かが長々としゃべる、あるいは、マイクの送信ボタンが故障で押しっぱなし状態になって電波を出し続けると、ほかの人は話せない。電波には雑音が入るし、マイク、送信機、受信機、ヘッドセットと何段階も機械を通っているうちに音質が劣化する。さらにコックピットの中は騒音がひどく、様々な雑音で一杯である。

管制官とパイロットの間のやりとりは言葉である。その言葉を一つ間違うと大変なことになる。「ディセンド スリー サウザント（3000フィートまで降下せよ）」という管制官の指示を「ディセンド ツー サウザント（2000フィートまで降下せよ）」と聞き間違って2000フィートまで降下すると、山や障害物にぶつかったり、ほかの飛行機と衝突したりする危険性が生じる。

通常、操縦席では機長が操縦し、副操縦士が管制官との通信を行う。管制官からの指示を聞いて機長が理解できた時は、機長は親指を上げるか「了解」と短く言って、自分が理解した旨の合図を副操縦士に送る。副操縦士は機長が了解した合図を確認して、自分が聞いた指示を管制官に言う。機長は副操縦士が管制官に言った返事と、自分が聞いたことが同じ内容であることを確認する。

もし機長が聞いたことと副操縦士の答えが違った時は、必ず管制官にもう一度、確認しなければならない。また機長がわからなかった場合や指示に確信が持てなかった場合、「セイアゲイン（もう一度言ってください）」と言う。副操縦士は自分がいくらわかっていても、機長が「セイアゲイン」と言ったら、管制官にも「セイアゲイン」と聞き直す。

これと同じように、機長が了解の合図を送っても副操縦士が理解できなかったら、副操縦士は管制官に「セイアゲイン」と聞き直す。

コックピット内のＡＴＣ（航空交通管制）の原則は、二人が別々に聞いて、おのおの理解が同一であることを確かめる、というものである。

たとえば機長が間違う確率が1万回に1回だとし、副操縦士が間違う確率が1万回に1回だとしても、両者が同時に間違う確率は１０００万回に1回になる。この方法が、音声通信という現在の飛行機を取り巻く環境で最も弱いリンクを補う方法である。

この原則を破って、副操縦士が理解できなかったのに、機長に聞き直して機長の答えを信じれば、やがてどこかで間違いが生じる。

管制官とのやりとりでもう一つ重要なのが、便名である。通常、管制官とのやりとりは会社ごとの名称の後に便名をつけてやりとりする。これがその飛行機の名前に当たる。

日本航空はジャパンエアー、全日空はオールニッポン、ＡＩＲ ＤＯはエアドゥ、そのほかスカイマーク、フジドリームと会社ごとの呼び出し名称の後に数字の便名で1便1便を区別している。

最近は便数が非常に多くなったので、類似の便名がたくさん同時に存在することがある。たとえば５１２と５２１などのように、同じ航空会社で便名の数字がよく似ていて順番が違う、というような場合は、非常に間違いやすい。また、航空会社名が違っても同じ数字の便名が同時に存在することもある。

管制官がほかの飛行機に出した指示を、別の飛行機が聞いてそのとおりに飛行すると危険な状態になりうる。さらに管制官も人間であり、神様ではない。言い間違いも当然、起こりうる。

管制官自身が言い間違いをしたり、勘違いをしたり、あるいはほかの飛行機に注意が行って、ある飛行機への指示を忘れることもありうる。自分のその時の位置や高度からしてありえないような指示を出された場合、パイロットは管制官に確認する必要がある。

人間がやっていることであるから、絶対に間違うなというのは不可能である。また、間違ったから、けしからんという論調は何も改善しない。重要なのは、管制システムに参加しているすべての人間が、互いの間違いを補い合って飛行機を安全に飛ばすことである。

原理原則2　管制官との交信の順番――言われたとおりの内容を答える

副操縦士の主な仕事の一つに、管制官との交信がある。当然、副操縦士も小型機では管制官との交信を行なっているのであるが、大型ジェット機の管制は小型機とは違うところもある。

管制官からの指示への答え方であるが、原則は管制官から言われたとおりの順番で、言われたとおりの内容を答えなければならない。

たとえば「リデュース スピード ツー ゼロ ゼロ ゼン ディセンド メインテイン ツー サウザント（速度を200ノットに減速してその後2000フィートに降下せよ）」という管制官からの指示に対して、順番を入れ替えて「ディセンド メインテイン ツー サウザント リデュース スピード ツー ゼロ ゼロ（2000フィートに降下後速度を200ノットに減速）」とすると、全く意味が違うことになってしまう。

この指示が出される時には、前方の下方、高度2000フィートに先行機がいる。先に減速して、前の飛行機に追いつく心配がなくなった後、初めて降下することができる。これを逆にして最初に降下してしまうと、衝突するか、あるいは先行機との間隔が狭くなりすぎて、うまく着陸できなくなってしまう。

言われた内容をすべて答えたから正解ではなく、言われた内容を言われた順番どおりに答えて実行できて初めて正解となる。

原理原則3　チェックリスト

現代の旅客機では、チェックリストを多用して安全を確かめている。パイロットはコックピットに入った時、エンジンをかける前、タクシーと呼ばれる地上走行をする前、離陸前……とフライトのあらゆる段階の前にチェックリストの確認を行い、すべての機器やスイッチが正しい位置にあることを確認する。

飛行機を飛ばす時には、一つのフライトで何回もチェックリストの確認を行う。

・最初の準備が完了したことを確認するプリフライトチェックリスト
・エンジンスタートの準備が完了していることを確認するビフォースタートチェックリスト
・タクシー（自力での滑走路への移動）を開始する前の、ビフォータクシーチェックリスト
・離陸前準備が完了していることを確認するビフォーテイクオフチェックリスト

……とたくさんのチェックリストが続く。

通常、チェックリストは副操縦士が読み上げる。おのおのの項目によって、機長と副操縦士のどちらかあるいは両方が、必要なスイッチの位置等を確認して答える。副操縦士は、言われた答えがチェックリストに書かれた答えと一致していることを確かめる。

チェックリストにはいくつか大事な原則がある。その一つは中断した時の対処である。チェックリストを実施している最中に、管制官から呼ばれたり、キャビンクルーから呼ばれたりと、途中でチェックリストを中断しなくてはいけない場面が起こる。

チェックリストを中断したら、中断した続きから始めるのではなく、もう一度最初から実施するべきである。続きから始めようとすると、場合によっては、書かれている項目を飛ばしてしまうことが起こる。チェックリストは実施したが、実際には重要な項目がなされていない。これほど危険なことはない。

もう一つ重要なことは、チェックリストをやったかどうか、機長でも副操縦士でも一人でも疑問に思ったら、必ずチェックリストをやり直すことである。「チェックリストをやったかどうか」のチェックリストはない。国内線のように一日に何便も飛び、それも何日も飛ぶと、過去の記憶と直前の記憶を混同することがありえる。とくに危ないのが、羽田―新千歳のように同じルートを何回も飛んだ時である。過去のフライトでチェックリストをやったという記憶が、あたかも現在のフライトでチェックリストをやった、という錯覚を起こすことがありうる。ここで誰か一人でもチェックリストをやったかどうか疑問を持ったら、必ずチェックリストをやり直すという原則が生きてくる。

原理原則4　優先順位――飛行機の外のことが優先

パイロットの仕事で重要なのが優先順位のつけ方である。急に揺れ出す、管制官から高度や方向を変えろという指示がくる、キャビンアテンダントからインターホンの呼出しがある。これらはすべて相手の都合で、突如として起こる。

一つ一つ単独で起こる場合は全く問題ないのであるが、たまに同時に起こることがある。管制官からの指示があるのと同時に、キャビンアテンダントから呼出しのインターホンが鳴るというような場合である。こんな時に、管制官からの指示を無視して、キャビンアテンダントと話しているようでは困る。

すべての仕事には優先順位がある。ここで個別に「AよりBが優先」と教えていっても、組み合わせは無限にできてしまう。

ここでも重要なのが原理原則を教えることである。火災などの緊急事態を除いて、飛行機の中のことと、飛行機の外のことでは、飛行機の外のことのほうが優先される。また、外のことでも相手と交渉できないことが優先される。

飛行機にとって一番の脅威は自然であり、気象である。巨大な積乱雲には現代の旅客機でさえ壊してしまうほどのエネルギーがある。そこで一番に重視すべきは、気象の状態である。管制官の指示に従うと積乱雲に突っ込んでしまうような場合には、管制官にほかの指示を要求する。

二番目に重要なのが、管制官の指示である。管制官の指示は、ほかの飛行機と安全な間隔をとるために出される。指示に的確に従わないと、ほかの飛行機と衝突する危険性が生まれる。

三番目には飛行機内部の状況である。緊急事態以外の様々な警報やライトに対処しなくてはならない。

その後にキャビンアテンダントが続き、最後に来るのが自分たちの仕事である。

最初に、この原理原則を教えることで、優先順位に関する間違いは大幅に減少する。

原理原則5　スイッチ操作――必ず一つずつ

コックピットには非常に多くのスイッチがある。このスイッチ操作にも鉄則がある。それは一つのスイッチを操作したら、確実に対応するライトや計器の指示の変化を確認して、それから次のスイッチを操作するという原則である。こうすることにより、間違ったスイッチを操作しても被害を最小限にすることができる。

外国の航空会社で、旧型の747を飛ばしていた時のことである。747の航空機関士のパネルにはフューエルヒートスイッチと呼ばれるスイッチがあった。燃料の中には空気中の水分が凝結した極微量の水分が含まれる。フライト中に燃料の温度が下がってくると、この水分が凍り、微細な粒となって燃料のフィルターを目詰まりさせることがある。これを防ぐために、フューエルヒートスイッチを定期的に作動させ、燃料を温めてフィルターの氷を溶かしていた。

ある航空機関士がフューエルヒートを実施し、その後スイッチを切る時に、間違ってエンジンに行く燃料を止めるスイッチを4つオフにしてしまった。その結果、すべてのエンジンが停止してしまった。原則は、一つのスイッチを切ったら燃料の温度を確認することであった。こうしておけば、たとえ間違ったにしろ、1台のエンジンを止めてしまうだけで済んだ。

ところがこの航空機関士は、結果も見ずに4つのエンジンに行く燃料を止めるスイッチを非常に早い操作でオフにしたために、飛行中に4台のエンジンをすべて停止させてしまった。幸い、エンジンの再始動に成功して無事に着陸することができたが、一歩間違えば事故になるところであった。

（注：その後、ボーイングはこのスイッチそのものを、エンジニアの操作パネルから除去してしまった。安全を考える原則のうえで、間違いを起こす危険な回路を取り去る、というのは最も正しい解決策である）

またシステムの故障で、正しいスイッチを操作しても実際のバルブなどがうまく作動していないことも十分に起こりえる。

スイッチは必ず一つずつ。操作をしたら、ライトや計器の指示を見て、結果を見てから次のスイッチを操作しなければならない。

原理原則6　確実性――愚直さの上に安全が乗っている

パイロットの操作にかっこ良さは必要ない。一つ一つの操作を確実に行うことがはるかに重要である。かっこ良さやスマートさを追い求める者は必ずどこかで失敗する。

決められたことを決められたとおりに、一つの操作をしたら、必ずそれに対応する変化を確認してから次の操作に移る。誰か一人でも疑問を持ったら、やり直すか、管制官に確認する。この愚直さの上にすべての安全が乗っかっている。

「たぶん〜だろう」と推察したこと、いつもと同じだろうと確認を省いたところ、そこにこそ事故の芽が潜んでいる。

パイロットの世界では、100回やって99回は100点だが、後の1回は0点になるというようなやり方は嫌われる。100回やって100回とも80点のやり方こそが望まれる。ぎりぎりのやり方、余裕度が全くないやり方は一見、効率的でスマートに見えるが、失敗する要素を含んでいる。それよりも十分に余裕度を確保し、どんなに状況が悪化しても絶対に不安全にならないやり方こそが、パイロットに求められるやり方である。

原理原則7　ABC——スマートさより確実性

パイロットの世界ではABCということが言われる。ABCとは、「A当たり前のことを、Bばかみたいに、Cちゃんとやる」という言葉をローマ字で書いた「ＡＴＡＲＩＭＡＥのことをＢＡＫＡみたいにＣＨＡＮＴＯやる」の頭文字を取った言葉である。すべてのパイロットの行動は、あくまで基本に忠実に一つ一つを確認しながら行うことが求められている。パイロットの仕事はスマートさではなく、確実性が求められる仕事である。

個別の事象をいくら教えても、教えられたこと以外のことが起こると対処できない。これに対して原理原則から教えると、最初は時間がかかるが、やがては教えられていないことにも対処できるようになる。

事例に学ぶ——事故調査報告書

経験の浅い訓練生や副操縦士にとって、いきなり総論を述べられても理解は容易ではない。やはり一番理解しやすいのは個別の事例である。そこで、教官は各種の事故調査報告書を読み、そこから教訓を引き出して訓練生や副操縦士に伝えなければならない。フライトの後の副操縦士や訓練生に対するブリーフィングや、泊まり先で一緒に食事に行った場合などに、積極的に過去の事例について話をすることがある。

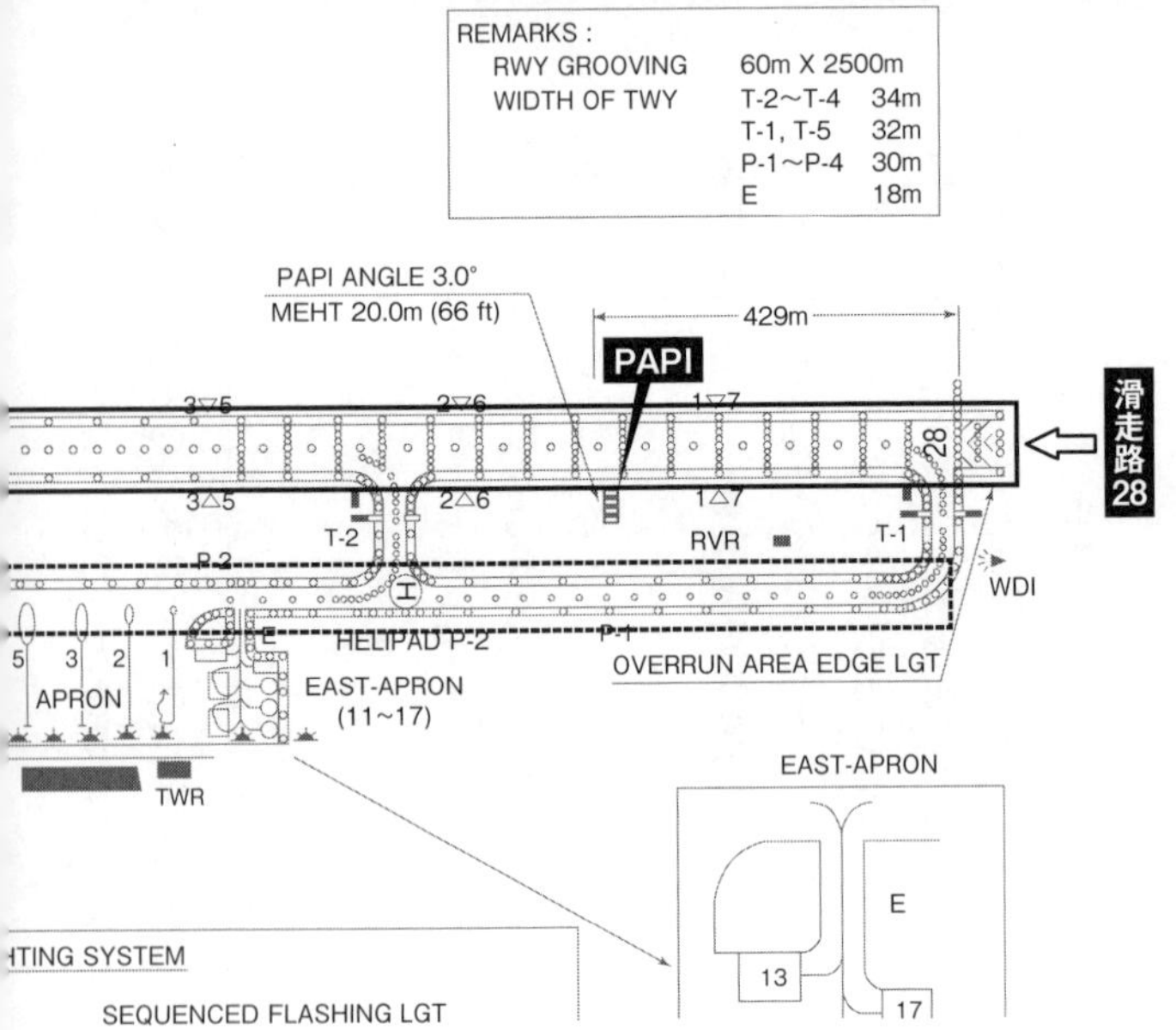

教官の役割の一つは、現代の「語り部」である。

語り部の材料として最も有効なのが、事故調査報告書である。

日本人は言霊《ことだま》を信じる人が多い。事故の事例を話すと縁起が悪い、と考える人間も多い。

しかしながら、事故調査報告書ほど後の役に立つものはない。事故調査報告書を読んでそこから様々な教訓を導き出すことが重要である。その時に、単にその事故が起こった直接の原因を考え、そこに気をつけるのではなく、その根本となった原因、どの原理原則に反したのかを考えることが重要であ

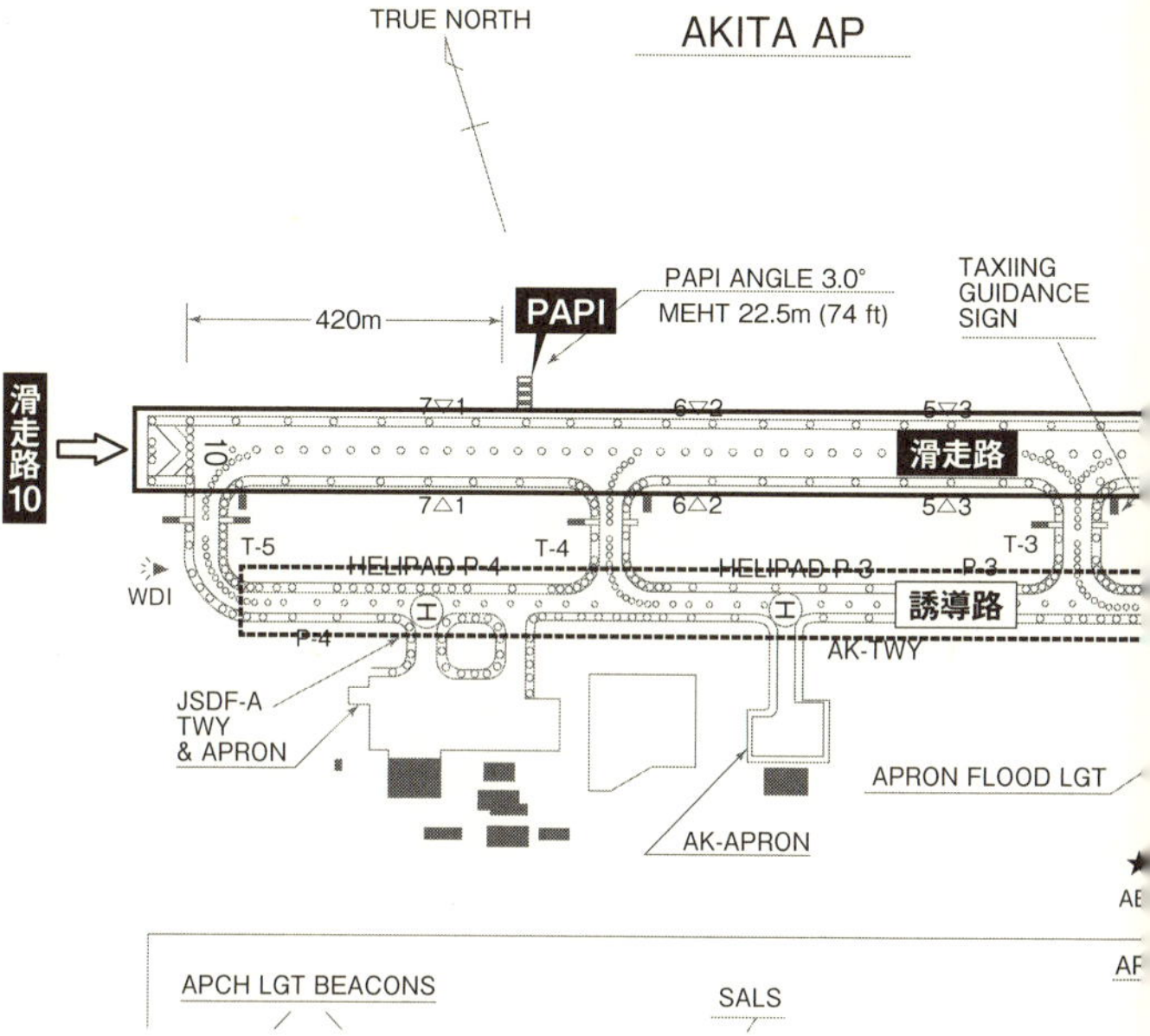

秋田空港の滑走路と誘導路

る。

ここでいくつかの事例を出し、その事例から何が学べるかについて見てみる。

事例1　秋田空港：滑走路ではなく、誘導路に誤着陸

2007年1月6日に、大韓航空の737－900型機が秋田空港の滑走路ではなく、その右横に平行してある誘導路に着陸してしまった。幸い、誘導路にほかの飛行機がいなかったので事故にはならなかったが、もし誘導路に別の飛行機がいたら、衝突して大惨事になるところだった。

また、誘導路は飛行機が地上を走る

ために作られた道で、滑走路の幅60ｍに対して幅30ｍとずっと狭い。強い風や雨の中では、飛行機が誘導路から横に飛び出る危険性もあった。

通常、飛行機は風に向かって着陸する。当日は東から風が吹いていた。秋田空港は１本の滑走路を西から東に向かって使う時は滑走路10として、東から西に使う時には滑走路28として使う。

機長は秋田空港には何度も来ていたが、過去に秋田空港に着陸した時に使った滑走路は滑走路28だった。この日、使った滑走路10には着陸したことがなく、滑走路10に対して作られたＶＯＲ10という進入方式も初めてだった。このＶＯＲ10の進入方式は、滑走路28に設置されたＩＬＳという進入方式ほど精度が高くない。また、使うＶＯＲが滑走路の中心線からずれたところに設置されているために、コースに沿って正しく降りてきても、滑走路が正面に見えてこない。

誤着陸を誘ってしまったのには、当日は強い雨が降り前方がよく見えなかったこと、戦闘機などでも使われているヘッドアップディスプレイという装置に、あたかも誘導路に向かえ、というような指示が出ていたことなど様々な要因がある。

注目したいのは、機長と副操縦士が何となく感じていた懸念についてである。

以下は、運輸安全委員会が出している、航空重大インシデント調査報告書（AI2008－01）の中から抜粋した着陸直前のボイスレコーダーに記録された機長と副操縦士の会話である。

14分09秒：（機）「中央にあるのが滑走路ではないかね？」（約3・6nm）

12秒：（副）「何ですか？」

13秒：（機）「中央にあるのが滑走路ではないかね？」

15秒：（副）「はい、はい。」

16秒：（機）「おー、中央にある方か？ それともどちらの方かね？」

17秒：（副）「PAPIは左側にあります、PAPIはすぐ横にあります。（注：PAPI＝着陸する飛行機に降下角が適正かどうかを示す装置、滑走路のすぐ左に設置される）滑走路は右側にあります。」

22秒：（機）「右側に広く見えるのは何だ？」

25秒：（副）「右側にですか？」

27秒：（機）「うん。」

30秒：(機)「あれが滑走路ではないのか？　もっと広く見える方が？」
35秒：(副)「右側にある方のことですか？」
37秒：(機)「うん、ずっと右側にある方だ。」
38秒：(副)「あー、左側にある方は何ですか？　機長、左側に……」
39秒：(機)「それもそうだ。ＰＡＰＩが離れているのか？」
42秒：(副)「はい、One thousand, clear to land.」
44秒：(機)「Check.」
45秒：(機)「あー、気になる。はっきりしない。ずっと右側にある広い方が滑走路ではないかね？」
51秒：(副)「はい、はい、はい。」
52秒：(機)「あそこに着陸する。」
54秒〈自動音：自動操縦オフ〉
57秒：(機)「しかしなぜＰＡＰＩが離れているのか？」
59秒：(副)「はい。」
15分00秒：(機)「10でやるのは初めてだ…」

02秒：(副)「One hundred above.（ＭＤＡより１００ft高い地点のcall)」
04秒：(機)「Check.」
06秒：(機)「気になる、実に。」
07秒〈自動音：Minimum.〉
09秒：(機)「Landing.」
10秒：(副)「Roger.」
12秒〈自動音：Five hundred.〉
14秒：(機)「Stabilized.」
15秒：(副)「Check.」
17秒：(機)「あー、新しい滑走路を建設中のようにみえる。」
20秒：(副)「はい。」
21秒：(機)「そうみえる。」
23秒：(副)「はい、そのとおりです、機長。」
24秒：(機)「そのとおりではないかね?」
25秒：(副)「はい。」

26秒〈DFDR［VNAV オフ］〉（距離約0・8nm）
28秒：（機）「オー、オー、あー。」
32秒：（機）「厳しい、厳しそうだなあ、あー。」
36秒：（副）「F／D off then on.」
37秒：（機）「Flight director, off then on.」
41秒：（機）「やー。」
46秒〈自動音：50,40,30,20,10〉
52秒：（機）「やー。」
53秒〈DFDR［対地高度：0ft］〉

副操縦士は「あー、左側にある方は何ですか？　機長、左側に……」と左が滑走路であるという懸念を表明している。

機長自身も「あー、気になる。はっきりしない。ずっと右側にある広い方が滑走路ではないかね？」「しかしなぜPAPIが離れているのか？」「気になる、実に。」と何度も懸念を表明している。

機長は、そこまで疑問を感じるのであれば、着陸をやり直していったん上空に上がって、安全な高度で水平飛行に移った後、チャートを十分に確認してから着陸をしていれば、ミスが防げたかもしれない。飛行機は着陸をやり直して代替飛行場に行き、その上空でさらに空中待機できるだけの燃料は積んでいる。同じ空港に着陸をやり直すことは十分にできるはずである。

副操縦士も、ぼやかしてあいまいに言うのではなく、はっきりと「左が滑走路だと思います」と言うか「着陸を中止して上空でもう一度確かめましょう」と言っておけば、ミスは防げたかもしれない。

PAPIが滑走路から離れていることはありえない。さらに、そこまで疑念があるのならば着陸寸前に滑走路のマーキングを確認しておけば、このインシデントは発生しなかったはずである。

じつは多くの事故で、事故を起こした当事者も漠然とではあるが、異常に気づいている。それを何らかの理由をつけて自分を納得させて、オペレーションを継続して事故にいたったケースも多々ある。

人間の心は、心理的な慣性が強く働く。いままでやっていなかったことを始めるのにはすごく抵抗するし、いまやり続けていることを中断するのは非常に難しい。

多くのパイロットが、この心理的な慣性に打ち勝つために、進入中は「何か異常があったら着陸復行」と思いながら進入している。

また人間は、理由を探す天才である。「……だから、大丈夫だろう」「いつもこのやり方でうまくいっているから大丈夫だろう」「周りも何も言わないし、大丈夫だろう」と何もしない理由や、いまやっている行動を続ける理由を探してくる。この機長も、新しい滑走路を建設中である、というありえないような理由まで探してきて進入を継続している。

異常を感じたら、まず口に出す。懸念があるのならいったんオペレーションを中止するか、撤退して、懸念を解消してからやり直せば、事故やインシデントの数は大幅に減る。

多くの事故では、事故に至る前の段階でいくつもの「何となくおかしい」ということが出てくる。この「何となくおかしい」を大事にしていれば防げた事故もたくさんある。

副操縦士は、少しでも懸念を感じたら口に出す。それでもまだ機長がオペレーションを続けるようだったら、「いったん中止して、確認してからやり直しましょう」と言う。機長は、副操縦士が懸念を表明し、自分の心の中でも何となくおかしいと感じたら、いまやっていることを継続する理由を探すのではなく、もう一度確認してからやり直す。これを守ることで安全性は増加する。

教官の役割は、モニター機能を持った副操縦士を育てることである。事例のように機長に迎合する副操縦士は、モニターの役割を果たしておらず、副操縦士として乗務している意味がない。

また、教官のもう一つの役割は、誰かが懸念を持ったら、まずその懸念を解消する機長を育てることである。事例のように自分でも懸念を持ちつつも、何らかの理由をつけて合理化し、懸念を解消しない機長は危険である。

事例2　１９７７年３月27日　テネリフェ事故

ＫＬＭ７４７がパンナム７４７に衝突　５８３名死亡

大西洋上にあるリゾート地の空港グラン・カナリア空港（スペイン）が、爆弾騒ぎのために閉鎖された。多数の飛行機が近くにあるテネリフェ空港（現在のテネリフェ・ノルテ空港）にダイバートした。普段は飛行機が来ず、空港も小さいテネリフェ空港には多数の飛行機が集中し、空港は飛行機で溢れ返った。飛行機の駐機場も一杯になって飛行機を止める場所がなくなったため、やむをえず誘導路にも飛行機を止めた。このため誘導路も飛行機で溢れ、使えなくなった。

数時間後、グラン・カナリア空港が再開された。このため、管制官は徐々に飛行機をテネリフェからグラン・カナリアに向かわせることとした。誘導路が使えないために、管制官はKLM機に滑走路を走らせた後、離陸位置につけた。

この時、まずKLM機を離陸させてその後にパンナム機を離陸位置まで走らせていれば事故は起きなかった。ところが管制官はKLM機を離陸させる前に、パンナム機もそのすぐ後ろで待機させようと、パンナム機を滑走路上で逆走させた。

当日は霧で、滑走路がよく見えなかった。管制官はグラン・カナリア空港までの経路の承認をしたが、KLM機の機長はそれを離陸許可と思って離陸を開始しようとした。その時に副操縦士が「これから離陸する」と言ったが、管制官はOKと言い、その後に離陸を待つように言った。

ところが、この発言に驚いたパンナム機のパイロットが「我々はまだ滑走路にいる」と言った。その言葉が管制官の「離陸を待て」という言葉と重なり、KLM機のパイロットには聞こえなかった。

KLM機は管制官の許可なく、離陸滑走を開始した。

着目すべきは、この時のＫＬＭ機のボイスレコーダーに記録された機内の会話である。機関士はきちんと事態を把握し、懸念を表明している。しかしながら、機長はその懸念を無視して離陸を継続して、事故が発生した。

1706:13.0	機長	離陸する
1706:32.43	機関士	彼らはまだ（滑走路を）出ていないのでは？
1706:34.1	機長	なんて言った？
1706:34.15	？	Yup.
1706:34.7	機関士	パンナムは、彼らはまだ出ていないんでは？
1706:35.7	機長	出てるさ
1706:47.44	機長	［悲鳴］
1706:50.0	衝突	

以下はオランダ語の原文である。

1706:13.0	Captain	We gaan.（We're going)

1706:32.43	Engineer	Is hij er niet af dan? (Is he not clear then?)
1706:34.1	Captain	Wat zeg je? (What do you say?)
1706:34.15	?	Yup.
1706:34.7	Engineer	Is hij er niet af, die Pan American? (Is he not clear that Pan American?)
1706:35.7	Captain	Jawel. (Oh yes. - emphatic)
1706:47.44	Captain	[Scream]
1706:50.0	collision	

懸念があったら、機長以外の乗員はすぐにそれを具体的な形で表明するべきである。機長は誰かが懸念を表明したら、それを大丈夫と否定するのではなく、何を懸念しているか、正しく把握するべきである。管制官の指示に対して一人でも疑義を持ったら、必ず管制官に確かめるという原則を守っていれば、この事故は防げたかもしれない。

前述のように、教官の役割は自分の意見をはっきりと表明する副操縦士を育てることである。

教官のもう一つの役割は、誰もが自由に意見の表明ができるような雰囲気を作れる機長を育てることである。また、誰かが意見を表明した時に、それを権威や自分の考えで否定するのではなく、もう一度、第三者に確認できる機長を育てることである。

冒頭に述べた、原理原則をしっかり守る機長や副操縦士を育てれば、飛行機の安全性は向上する。

事例3　1972年12月29日　イースタン航空401便

この事例では、イースタン航空401便の着陸前に前脚が出たことを知らせる緑のランプが点灯しなかった。パイロットがランプの故障に対処している間に飛行機は高度が下がった。管制官はレーダーを見て高度が下がったのに気づいた。

アプローチコントロール「イースタン、えー401　そちらはどうなってる?（23.41:40 APP Eastern, ah 401 how are things coming along out there?)」

パイロットは、管制官が心配しているのは高度のこととは全く思わず、前脚のことだと思った。

パイロット「OKだ。方向を変えて飛行場に戻りたい（23.41:44 RT Okay, we'd like to

turn around and come, come back in.)」

管制官は「ＯＫ」を聞いて「パイロットは高度のことはわかっているのだ」と安心して、要求どおり方向の指示をした。その後、管制官はほかの飛行機に注意を移してしまった。４０１便の高度は下がり続け、事故が起き、１７６人中１０１人が死亡した。

この事故の最大の原因は、コックピットにいる二人のパイロットが同時にライトの故障に関わってしまったことである。このような場合、機長はまずタスクの配分をしなければならない。自分が飛行機の操縦と管制官との連絡を受け持って、副操縦士と航空機関士にライトの対処をさせてもよいし、その逆に副操縦士に飛行機の操縦と管制官との連絡を任せ、自分がトラブルシューティングに当たってもよかった。機長の責任として、誰が操縦しているのかをはっきりさせなければならなかった。

二番目の原因が、自動操縦装置（オートパイロット）に対する過度の信頼である。自分が自動操縦装置を入れて、高度を維持するモードに入れたから、高度を守り続けてくれているだろうという過度の信頼である。自動操縦装置も機械である以上、必ずしも自分が思ったとおりには動いてはくれない。パイロットは自動操縦装置を使っているからといって、計器のモニターをしなくてよいということにはならない。

もう一つの原因が、中途半端なコミュニケーションである。もしも管制官が「イースタン、えー401　高度が下がっているがそちらはどうなってる？」と聞いていたら、パイロットも気づいて飛行機を上昇させ、事故にはならなかったかもしれない。

中途半端なコミュニケーションは、お互いをわかった気にさせ、安心させてしまう効果しかない。

教官の役割は、原理原則をしっかり守る機長を育てることである。機長の重要な仕事の一つとして、タスクの分散と誰が操縦しているのかを明確にすることがある。コックピットの中で機長と副操縦士が同じことに関わると、事故を起こす。

飛行機は三次元の世界を高速で移動する乗り物であり、いかなる場合も必ずどちらかのパイロットが操縦に専念し、たとえ自動操縦装置を使っていても、そのモニターを行わなければならない。

この原則をきちんと守る機長、また機長が原則に従わない時には、はっきりとそのことを主張して正しい行動に修正することができる副操縦士を育てることにより、飛行機の安全性は向上する。

事故事例をきちんとした形で残して新人に伝承していかないかぎり、また同種の事故が起こる。事故の記憶は風化しやすい。その事故が起こった時にいた人たちもやがては部署が変わり、定年となって辞めていく。事故事例を体系的な形で残し、その中から守るべき原理原則を抽出してわかりやすい形で示すことが、将来の事故を減らす有効な対策となる。

なぜ「努力をするほど運がよくなる」か

機長として重要なのは、次々に新しいものを付加することではない。機長の仕事は、余分なことをやらなくても済むように減らしていくことである。

そのためには微細な状況の変化を読み取り、次々に手を打っていくことが必要になる。たとえば、あらかじめ積乱雲が全くない経路に変更しておけば、上空で積乱雲を避けるために方向を変える必要もなく、そのための管制官との何回にもわたる交信も不要となる。

管制官から速度の指示を受けていない時に、自分の飛行機の速度を調節して、先行機との距離を適切に保つようにしておけば、管制官が余分な指示をする必要がなくなり、またパイロットも余分な交信の必要がなくなる。

こうやって一人一人の機長が管制官の負担を減らすような飛び方をすれば、管制官はほかの飛行機に注意を向けることができ、システム全体の安全性が増す。

理想の機長は、様々な緊急事態にてきぱきと対処する機長ではない。緊急事態が起きないように見えないところで手を打って、何事も起こらないフライトをするのが理想の機長である。

よく「運がよいパイロット」という言われ方をするパイロットがいる。その半分は本当の運であるが、後の半分は見えない努力により、自分で作り出している運である。そのパイロットは「いつも運がよいね」と言われて、「不思議なことに、努力をすればするほど運がよくなるんですよ」と答えていた。

飛行機における意思決定――最適解を求めない

世間で一般に言われる意思決定とは、可能性のあるいくつかの選択肢を並べてみて、その各々について利点と欠点を洗い出して、できれば数値化し、その中で最良の方法を選ぶというやり方がほとんどである。

ところがパイロットの場合、この方法は通用しない。何よりも時間と燃料に限りがある中では、とてもこんな方法を取っている余裕はない。

飛行機は毎秒数１００ｍ、時速に換算すると毎時９００㎞以上の速度で動いている。目的地まで飛び続けるのか、出発地に戻るのか、意思決定に時間がかかれば、決定した時にはすでに条件が大幅に違ってしまうことになる。

飛行機の世界での意思決定は、アメリカの心理学者ゲーリー・クラインが著書『決断の法則』（トッパン、原題：Sources of Power: How People Make Decisions）の中に書いているような方法で行われている。

ゲーリー・クラインが提唱しているモデルの中で、経験を積んだプロは、何か決断をしなければいけないような事態に遭遇すると、直ちにほぼ直感的に解決策を思いつく。思いついた解決策を頭の中でシミュレーションしてみて、許容できる最低レベル以上であれば、その解決策を実行する。その時に、どこか欠点はないか、どこかに見落としはないか、と自分が出した解決策の確認を行う。

またこのような場合、状況は時々刻々と変化する。先ほど出した解決策が事態に合わなくなり、前提条件が変化したら、直ちに最初からプロセスをやり直す。

従来、言われてきた意思決定の方法と根本的に違うのは、最適解を求めていないことである。時間的に制約があり、情報の一部しか知りえない状況下では、最適解を出すことは不可能である。最適解を求めるのではなく、許容できる最低レベルをクリアしている解決策をなるべく短時間に探し出してそれを実行するというのが、クラインの提唱するモデルの特徴である。

何か緊急に対処しなければいけない事態が起こると、経験の深いパイロットはほぼ直感的に、取るべき正しい方法を思いつく。これは長年の経験の蓄積からできる技である。パイロットは最適解を探しているのではなく、許容できる一番素早い解を探している。重要なのは決断の速度と、それが許容できるかどうかだけである。

いくら最良の解であろうと、1カ月後に答えが初めて出るような解は、パイロットにとって役には立たない。

またパイロットの決断の特徴として、後戻りができないことがある。低空のエンジン火災で、間違ったほうのエンジンを切ってしまえば、回復する術《すべ》はほとんどない。

瞬間的に答えを出した後に、自分の決断がどこか間違っているのではないか、そう思いながら検証している。さらに自分の決断を副操縦士に話して、どこかに考え落としがないか、何か間違ったところがないか、検証してもらう。

パイロットの判断の基準は、自分の飛行機に乗ってくださっているたくさんのお客様である。お客様にとって最大の利益となるためにはどのように飛べばよいのか、が最も重要な判断基準である。会社や上司、チェッカー、機長、副操縦士などお客様以外のものに基準を置いた判断は必ず間違う。

チームビルディング――フライトごとに初対面

機長は副操縦士とのチームのリーダーであるし、さらには客室乗務員、整備士、フライトプランを作成・管理するディスパッチャーなど多くの人々を含むチームのリーダーである。機長が扱うチームの特徴は、フライトごとにチーム（メンバー）が違うという点である。副操縦士、客室乗務員ともに初めて会う人がいることも多い。全く同じメンバーがそろうことはまずない。

機長は、集まったメンバーをごく短時間のうちに、チームとして機能する状態に持っていかなくてはならない。

そのためには、「健康チェック」「10秒ルール」「相手の情報を引き出す」「相手の知っている分野の話をする」「ユーモア」が必要である。

人間はロボットではない。体調が悪くなることもあれば病気になることもある。機長はまず、チーム全員の顔色を見るところから始めなければならない。客室乗務員の中に、顔色の悪い人がいたら「顔色があまりよくないけれど大丈夫？」と聞くところから始める。こう言うと、どんなに体調が悪くても最初は「大丈夫です」と答える人がほとんどである。そこで引き下がってはいけない。言い方を変えて3回質問すると、「じつは……」と答えてくれることがほとんどである。

本当に体調が悪い場合は、誰かに交代してもらうなどの手段を取る必要がある。

「10秒ルール」とユーモア

初対面の人間が10秒間、お互いに黙っていると、そこに心理的なバリアーができ、それから後はいくら努力しても友好関係が築けない。逆に、何でもいいから10秒以内に話しかければ、バリアーが築かれる前に相手の心に入っていくことができ、友好関係が築ける。

初めて会う人には、「会って10秒以内にどんなことでもいいから、とにかく話しかける」ことが必要である。

チームがチームとして機能するのに有効なのが、ユーモアである。ユーモアがあれば難しい仕事でも楽にこなせる。またチームとして一体感が生じる。

客室乗務員とのブリーフィングでは、いかに笑ってもらえるかを考えていた。父親がドイツ人の副操縦士と一緒にキャビン・ブリーフィングをする時には、「今日のコックピットへの連絡はドイツ語でしてください」と言って、客室乗務員が困った顔になったところで「冗談です。日本語で大丈夫です」と言って笑ってもらえれば、チームビルディングは成功である。

また「今日、着陸できなくてゴーラウンドしたら、視界不良とアナウンスしてください。間違ってもキャプテンが下手だから、とはアナウンスしないでください」と言って笑ってもらえれば、これもチームビルディングとしては成功である。

さらにユーモアを交えることで、相手に言いたいことの趣旨をうまく伝えることができる。

たとえば太平洋を大型機で飛ぶ場合に、機内火災は重大な脅威である。最近でこそ少なくなったが、飛行機が全席禁煙となってしばらくの間は、トイレで隠れてたばこを吸う乗客がかなりいた。トイレの中のたばこの不始末は大変危険である。上空では空気が乾燥している。いったん火災が起き、その火災が電気系統や飛行機を操縦する舵面を動かす油圧系統を壊すと、飛行機は飛び続けることができなくなる。国内線ならば火災が起きた時に緊急着陸する空港があるが、太平洋の真ん中では、どの空港に行くにも何時間もかかる。

トイレの火災を防ぐためには、客室乗務員に頻繁にトイレのチェックをしてもらうのが一番である。ただしストレートに言うと、人によっては心配になってストレスとなる。そこで太平洋を飛ぶフライトの場合、客室乗務員とのブリーフィング時に火災の危険性を説明した後、「サメと一緒に水泳したくない人は、トイレチェックを頻繁にすること」と冗談めかして言っていた。

操縦席からは、自分の機体は限られた部分しか見えない。また、客室内の様子はほとんど知ることができない。客室内の様子は客室乗務員の報告によるしか、パイロットにはわからない。そこで異常な事態が起こった時には、直ちに報告してもらうことが重要になる。そのために、機長は話しやすい雰囲気を作り出す必要がある。

チームで働く時に忘れてはならないのが、感謝の心である。いくら威張ってみたところで、機長だけでは飛行機は空港の駐機場から動くことさえできない。飛行機を飛ばすためには、機体やエンジンを正しく整備する人間、貨物をどこに積めば重心位置が適切な範囲に入るかを計算する人間、指示のとおりに正しくコンテナを積み込む人間、燃料を定められた量だけ各タンクに正確に積む人間、機内に食料や水を積み込む人間、客室乗務員、副操縦士、ディスパッチャー、管制官と非常に多くの人間が正しく仕事をしてくれることが必要になる。

これら自分たちを支えてくれる多くの人への感謝を忘れた時、そのパイロットは傲慢《ごうまん》になり、滅亡への道を歩み始めることとなる。

タスクの優先順位と配分

飛行機の世界では、標準的な仕事の仕方がSOP《エスオーピー》（Standard Operation Procedure：スタンダード・オペレーション・プロセジャー）として決められている。

一人一人の機長の飛び方が違うと、副操縦士はどのやり方が正しいやり方かがわからない。そうなれば、機長がいつもと違うことをしていても、それが間違っているのか、あるいはその機長固有の飛び方なのかがわからない。

標準的な仕事の仕方が決まっていれば、そのやり方と違う時には、副操縦士は「やり方が違っているのではないか？」と指摘することができる。

機長といえども、SOPどおりに仕事をしなければならない。もし気象状態や管制官の指示などに対応するために、SOPと違う仕事の仕方をする時には、機長は違うやり方を始める前に副操縦士に説明する必要がある。

フライト中にはじつにたくさんの仕事がある。副操縦士は機長の指示にしたがって仕事をするのであるが、副操縦士の一つの仕事が終わらないうちに次の新しい指示を出すと、副操縦士はどちらを先にやればよいのか、混乱する。

副操縦士が常に適切に仕事ができるように、ちょうどよいタイミングで指示を出すのは機長の責任である。副操縦士が一つの指示をやり終えてから、初めて次の指示を出す。

もし副操縦士が何かの仕事をしている最中に、それより優先順位の高い仕事を行わなければいけなくなった場合、機長はまず前の指示をいったんキャンセルする。その後で新たに必要となった仕事を指示する。

タスクの優先順位をつけて的確に指示を出すのも重要であるが、誰が何をやるのかのタスク配分も、機長の重要な仕事である。

機長と副操縦士が同じことに関わってはいけない。操縦中はどちらか一人は操縦に集中しなければならない。チェックリストを読み上げたり、客室乗務員と連絡したり、会社と無線で連絡したりする仕事は、操縦をしていない者が行う。

機長は、誰が操縦するのか、誰が管制官との交信を受け持つのかを明確に指示しなければならない。

多段階対策

パイロットにとって重要なのが、何段階にも対策を持っていることである。自分は降下したいのに、管制上の理由からなかなか降下させてもらえなかった場合など、飛行機が適切な降下経路よりもずっと高くなることがある。

地面や、海面近くの低空になってから過大な降下率で降下することは危険である。高度がなるべく高いうちに処理することが必要である。

このような場合、パイロットは何段階もの対策を持っていなければならない。

まず、最初は速度を下げることである。上空の飛行機が持っているエネルギーは、速度のエネルギーと高度のエネルギーの総和である。許される範囲で減速すれば、トータルとしてのエネルギーを減らすことができる。

次に、降下の許可が出たら、直ちにスピードブレーキをフルに使いながら降下することである。

それでも高すぎる場合、速度を減じてランディングギアやフラップ（翼の前後について、出すことにより揚力を増す装置。上げ下げには制限速度がある）を併用して抵抗を増大させる。

それでもまだ間に合わない場合には、より大回りになるように、管制官に空港から離れるような方向を要求する。さらには一度360度旋回を要求する。または、どこかで空中待機の経路を飛行して、高度を消化する。どうしても高度が高い場合は、ゴーアラウンド（再び上昇）して着陸をやり直す。

このように、一つの事象に対して、あらかじめ何段階もの対策を考えておくことが必要になる。

緊急事態への対処——深呼吸を

緊急事態には直ちにやるべき操作が決まっている。エンジンが故障した時は、決められたチェックリストがある。さらにチェックリストの中でも緊急性が高い項目は、リコールアイテムといって、記憶によって直ちに操作しなければいけないことになっている。

記憶で直ちに対処しなければならない故障以外の故障や、チェックリストにはない故障の場合、パイロットがまず行う必要があるのが、自分の心を平常心に戻すことである。

パイロットも人間であるから、いきなり全く想定していない緊急事態に遭遇すれば、やはりどきりとする。ここでベテラン機長は直ちに平常心に戻ることができる。一方、副操縦士はなかなか平常心に戻ることができないようである。

こんな時に、教えているのが深呼吸をする方法である。人間はびっくりしたり焦ったりすると、必ず呼吸が浅くなる。場合によってはほとんど息をしていない時さえある。

心の状態が身体を支配するのは当然であるが、その反対に、身体の状態は心を支配する。

あえてゆっくりと深呼吸をすると、焦りや驚きの感情は簡単に消え去る。

とりあえずは、自分の心を落ち着かせることが重要である。

「しまった」と思ったら

機長も人間であるから、状況によっては「まずい」とか「しまった」とか思うことも起こる。この時に重要なのが、絶対に自分の心の動揺を外部に出さないことである。

困った事態や、緊急事態が起きた時に副操縦士はまず機長の様子を見る。機長が平然としていれば「これは大変だと思ったけれども、機長がこれだけ落ち着いているのだから大したことはない」と思うようになる。この気持ちで様々な対処を行えば、きちんと対応することができる。

ところが機長が焦ったり、困ったという態度を取ったり、口にすると、副操縦士は「機長があれだけ慌てているのだから、とんでもない事態に違いない」とより焦るようになり、平常心を失う。こうなると、副操縦士はしなくてもよいミスをして事態をより悪化させる危険性がある。

一生勉強

パイロットの世界は一生勉強の世界である。飛行機の安全性を高めるために、規則はどんどん変わる。また様々な新しい装置や飛び方が導入される。パイロットはこれらを勉強し続けなければならない。

また、与えられる資料を読んでいるだけではパイロットは務まらない。各種の事故調査報告書や、安全のための提言を読み、飛行機の世界だけでなく、広い世界から安全の哲学を学ばなければならない。

気づきの種はどの分野にも転がっている。レストランですばらしい能力を発揮するウェイトレスを見て、フライトに生かそうと考えるパイロットは優れたパイロットである。

多くのパイロットを見てきたが、その中には天才と教官から評価される者が何人かいた。しかし、そのほとんどが見えないところで常人が及びもつかないような努力をしていた。パイロットの世界では、努力を他人に見せない人間が天才と呼ばれ、努力を他人に見せる人間が秀才と呼ばれる。いずれにしろ、努力をしないで優秀なパイロットになった例を私は知らない。

ルイス・キャロルの書いた『鏡の国のアリス』の中で、赤の女王がこのような言葉をつぶやいている。

「同じ場所にとどまるためには全力で走らなければならない。もしほかの場所に行きたければ、少なくともその倍の速さで走らなければならない！」

ある意味、この言葉がパイロットの勉強にも当てはまるのかもしれない。

昨日よりは今日、今日よりは明日、飛行機を降りる最後の瞬間まで、うまくなる努力を続ける者こそ本物のパイロットである。

最初に方針や考え方を教える

いままで述べてきたことは、基本方針や考え方である。基本方針や考え方を教えずに、いきなり各論を教えると、たしかに教官に言われた一つ一つのことはできるようになっても、全く応用が利かなくなる。かといって、基本方針や考え方だけを教えて「あとは自分で考えろ」ではあまりに不親切すぎる。パイロットの取るべき行動は、過去の事故事例や危ない体験、また多くの先輩達が考えた知恵の集まりである。これを一人の人間にすべて考えろというのは無理な話である。そこで、あくまで最初に基本方針や考え方を教えたうえで、個別の事例についても教えていくことが望まれる。

乱暴になった気象

毎年の猛暑、豪雨、旱魃《かんばつ》など様々なことを見てわかるように、最近の地球は異常な勢いで気象が変化している。過去にはありえなかったような天気があちこちで起きている。近年の気象の変化を一言で言うと、気象が非常に乱暴になってきている、と表現できる。

地球温暖化の真の問題は、気温の上昇ではない。真の問題は、気象が乱暴になることである。温室効果ガスが溜《た》まると、赤道付近の気温上昇が激しくなる。赤道付近と極地との温度差が大きくなると、それを解消させるためにジェット気流がより大きく蛇行する。そうなると、一部の地域では旱魃、隣接する地方では洪水といったように、極端な気象現象が連続する。

機長は、このように乱暴になってきている気象の変化に対処するだけの燃料を持ち、また対処できるような方法でフライトしなければならない。

昔は、揺れる高度があればその高度だけを避けて飛べばよかった。いまはいろいろな高度で揺れる中、揺れない高度を探して飛ばなければならない。

昔は雷雲もいきなり発生し、発達することは少なかった。現代では雷雲はいきなり発生し、短時間で発達する。出発前に雷雲がない場合でも、気象状態から雷雲が発生しそうな時は、燃料を多めに積んで飛んでいる。

フライトにはテーマがある

フライトには一つ一つのフライトごとにテーマがある。すべてのフライトで安全が最も優先するのは言うまでもない。安全の次に何を重視するかは、フライトごとに違う。

ビジネスマンが多い早朝または深夜のフライトでは、時間が重要である。伊丹にある大阪空港では、午後9時までにスポットに入れないような場合には大阪空港への着陸が認められず、関西空港に行かなければならない。大阪空港への最終便は時間がテーマとなる。

また、夏休みで子供が多いような場合や、リゾート路線の場合は、揺れが少ないことがテーマとなる。

機長はフライトごとのテーマを考えて、それに合わせてフライトを組み立てなければならない。一つのフライトの中で矛盾したテーマをいくつも掲げて飛ぶことは望ましくない。

経路の選定

航空会社は、ある区間を飛ぶのに標準的な経路を定めている。通常はこの経路に従ってフライトプランが作られる。フライトプランでは各通過ポイントが決められる。また所要時間や必要燃料が計算される。もし経路上に積乱雲の固まりなどがある場合には、経路を変えることができる。フライトプランを作るためのコンピュータには、同じ区間に対して何本もの経路が蓄えられている。機長は、その時の気象状態に合わせて最適な経路を選択する。

高度の変更は経路の変更よりもさらに簡単である。また現在では、コンピュータが発達している。気象庁のコンピュータは、どの高度が揺れそうかを予想する。また、実際に飛んでいるパイロットからの通報をコンピュータの画面で見ることができる。

これらを総合すると、揺れが最も少ないと考えられる高度を選び出すことができる。ただし、揺れが一番少ない高度が最良な高度とは限らない。所要時間や所用燃料など様々な要素を勘案して、さらにそのフライトのテーマを考えて最適な高度を考え出す。

速度の選定

飛行機は、その飛ぶ速度を様々に変えることができる。どのような速度で飛ぶかは、その時の条件により変わる。時間を重視する場合、飛行機は許される範囲でなるべく速い速度で飛行する。しかしながら、速度を上げれば上げるほど燃料の消費量が多くなる。到着まで時間に余裕がある場合には、速度を下げて最も燃料効率のよい速度で飛行する。これは、会社の経営状況にも影響を与えるとともに、CO_2排出量の削減にも貢献する。

燃料の算出

出発前の機長の決断で重要なものは、飛行経路の選定、並びに飛行高度の選定とともに、そのフライトに必要な燃料の算出である。飛行機は一般に目的地まで飛び、さらに目的地に着陸できない場合には代替飛行場まで飛び、その上空で待機するだけの燃料が必要だと法的に定められている。しかしながら、この量は法的に定められている最低量であり、機長は必要に応じてさらに燃料を上積みする。どのような場合が考えられるかというと、一番多いのが天候の悪化である。目的地の天候が着陸できるギリギリの場合、機長は着陸をいったんやり直し、さらに上空で待機したのち、再度着陸を試みるのに必要なだけの燃料を搭載する。

もう一つの重要な要素が、管制である。飛行機はある空港にほかの飛行機が集中してくると、その空港の着陸処理能力の関係から、上空で待機を指示されることがある。また、待機を指示されなくても大きく経路を迂回《うかい》し、さらに燃料が必要となることがある。パイロットは目的空港の天候、到着予定時刻、その時間の空港の混み具合などを考えて、管制の遅れに対応できる燃料を搭載する。

非常に厳しいのが、目的地の天候が悪く、目的地の空港に降りられず、出発地に引き返さなければならない場合である。たとえば日本からグアムに向かう場合、グアムの代替空港はサイパンである。しかしながら、グアムとサイパンは距離が非常に近い。もし大型の台風が来ると、グアムにもサイパンにも着陸できない可能性が高い。このような場合は日本からグアムまで飛行し、もしそこで着陸できない場合には、再度日本に引き返すだけの燃料を搭載することになる。

無事にグアムに着陸できた場合には、日本に引き返すだけの燃料を消費していないので、重量は重くなる。飛行機は重くなるほど、着陸速度を上げなければ失速する。着陸速度が上がれば、滑走路での停止距離もそれだけ長くかかる。再度日本に引き返すだけの燃料は積まなければならないが、そのうえさらにグアムで着陸をやり直す分の燃料、さらに上空で1時間待機できる燃料と積んでいくと、重量が重くなりすぎて滑走路の中で止まれないことも起こりうる。燃料は積めるだけ積めばいいというわけではない。

もう一つ重要なのが、冬場の新千歳空港などの雪や氷で覆われた滑走路に対する着陸である。このような場合、天候が悪化すると飛行機は着陸できないことがある。札幌に着陸できない場合、通常、代替空港は函館になるのであるが、もし函館の天候も悪い場合には、出発地の羽田に戻ることも考えなければならない。このような場合、非常に大量の燃料を積んでいくことになる。

無事に着陸できた場合、引き返すための燃料は消費していないので着陸重量は増加する。着陸重量が増加すれば、着陸後停止するまでの滑走距離が伸びる。通常の乾いた滑走路であれば何ら問題がないのであるが、雪や氷で覆われた滑走路の場合、安全に停止できるだけの余裕を持たなければならない。

さらに、無事に着陸できたとしても、次の離陸についても考えなければならない。余分な燃料を積んだまま着陸できてしまった場合、着陸した空港で燃料を抜き取ることは実際上できないために、着陸した時の残燃料が多すぎると、次の離陸に対する最大離陸重量を超えてしまうことがありうる。パイロットは燃料の量を算定する時に、その飛行機の着陸から、さらには次の離陸までを含めて燃料の搭載量を考えなければならない。

客室乗務員へのブリーフィング

飛行機に乗り、客室乗務員と一緒になると、パイロットはその日のフライトについての情報をブリーフィングする。高度や速度、所要時間など一般的な情報を伝えるが、伝えるべき情報としてさらに重要なのは、その日のフライトにおいてどの部分でどの程度、揺れるかである。

日本の空で、揺れが全くないというようなフライトは非常に少ない。必ず、どちらかの空港の近くで揺れるというようなことが起こりうる。そこで、パイロットはどのタイミングでシートベルトサインを消灯させるのか、揺れがあるとしてもどのくらいの規模の揺れであるのか、またサービスにかけられる時間はどれくらいであるのか、といった情報を客室乗務員に伝える。

飛行経路全般にわたって揺れが継続することはまれである。そこで、前半が揺れないのか後半が揺れないのかが重要になる。前半が揺れない場合、離陸したのちなるべく早くシートベルトサインを消灯させるようにしている。その代わり、まだ機首は上がっており、定められた経路をフライトする場合には、左右に大きく傾くこともありうる。あらかじめそのことを断ったうえで、なるべく早くシートベルトサインを消灯させる。

逆に、フライトの後半のほうが揺れない場合、シートベルトサイン消灯のタイミングは遅らせたほうがよい。そうすると、どうしても離陸後シートベルトサインが点灯している時間が長くなる。このような場合には、搭乗前にアナウンスをし、お客様にはなるべく地上でトイレに行ってもらうようにしている。

揺れの程度によっては、やけどを防ぐため、冷たいものだけの飲み物サービスをしたり、極端な場合、飲み物のサービスが全くできないこともありうる。

客室乗務員や乗客がけがをしないためには、パイロットと客室乗務員が共通の認識を持って仕事をすることが重要である。情報の伝達は重要ではあるが、出発前の時間はパイロット、客室乗務員ともに非常に忙しいので、最小限の時間で的確に必要な情報を伝えることが望ましい。必要もないのにブリーフィングに長時間かけると、客室乗務員の信頼を失い、チームビルディングが適切に行えない。

タクシー

飛行機が自力で地上を走ることをタクシーという。このタクシーの速度については様々な規定がある。まず、飛行機の駐機場の中は多数の飛行機や車両が行き交うため、速度を出しては危険である。そのため、駐機場の中ではかなりの低速を守らなければならない。

また、旋回する時も、速度が速すぎるとタイヤに負担がかかり、旋回をコントロールすることが難しくなる。そこで、飛行機が旋回する時の速度も定められている。何もない誘導路で、誘導路面が乾いていて直進する場合にはかなりの速度を出すことができる。通常決められている速度は25ノット（時速46・3㎞）までである。このほか、ほかの飛行機と接近した場合には、その速度を調節する。

飛行機が別の飛行機の後ろに着くと、エンジンの排気ガスを空調システムに吸い込み、石油の臭いがする。これを避けるために、前の飛行機との間は若干空ける。

さらに速度を調節するのは、滑走路に進入する場合である。自分の前の飛行機が滑走路への進入が許可され、さらに離陸を許可されたとする。自分が滑走路に入れるのは、あくまで管制官から「ラインナップ アンド ウェイト」と言われた場合である。「ラインナップ アンドウェイト」と言われない限り、飛行機は必ず滑走路の手前で停止し、待機しなければならない。すべての滑走路は中央がやや高いかまぼこ型になっている。いったん滑走路の手前で停止すると、そこから動き出すためには非常に大きなエンジンパワーが必要となる。これを避けるために、滑走路に入る直前の飛行機は、前の飛行機の進み具合を勘案しながら速度を調節し、いったん停止しなくても、管制官から「ラインナップ アンド ウェイト」と指示されるような速度を狙って飛行機を動かしている。

離陸——「何かあったら中止」

離陸中、V1《ヴィワン》と呼ばれる離陸決心速度に達するまでにエンジンが故障した場合には、直ちに離陸を中止しなければならない。

そのため、V1に達するまでは「何かあったら離陸中止」と思いながら離陸を行う。

ジェット旅客機が離陸する時、条件により違うが、飛行機の胴体の下部と滑走路との間の最短距離は、適正に操縦したとしても数十センチしかない。速度が遅いのに、機首を上げ始めたり、操縦桿《そうじゅうかん》を強く引きすぎたりすると、飛行機のおしりをこする可能性がある。かといって、ゆっくりと上げすぎると離陸距離が伸び、滑走路の末端で十分な高度が得られない。操縦はあくまでも適正に行わなければならない。

また胴体と滑走路の間隔が最小になるのは、タイヤが地面を離れた時ではなく、その1、2秒後である。タイヤが地面を離れたからといって、急激に操縦桿を引くとこれもおしりを滑走路にこする危険性がある。

離陸距離と着陸距離

一般に、同じ飛行機が離陸に必要とする滑走路の長さと、着陸に必要とする滑走路の長さでは、離陸に必要とする滑走路のほうが長い。離陸するために必要とする滑走路の長さは二つの要素で決まる。

一つは、飛行機が静止した状態から加速し、決められた速度で浮き上がり、滑走路面上35フィート（約一〇・七m）の高さに到達するまでの距離に安全係数を掛けた距離である。もう一つは、飛行機が静止した状態から離陸決心速度V1まで加速し、そこで1台のエンジンが不作動となった場合に急制動をかけて完全に停止するまでの距離である。

一方、着陸は滑走路の末端50フィートの高さを定められた速度で通過してその後、滑走路に接地し、飛行機が完全に停止する距離に一定の安全係数を掛けた距離である。

着陸に必要な滑走路の長さは、滑走路の上空を一定の速度で通過し、そこから完全に停止するまでの距離があればよい。しかしながら離陸に必要な滑走路長とは、静止状態から離陸できる速度まで加速し、そこから1エンジンが不作動な場合に安全に停止するまでの距離である。当然のことながら、離陸に必要な滑走路長のほうが着陸に必要な滑走路長よりも長くなる。

上昇率および降下率

現代の飛行機には、TCAS《ティーキャス》（Traffic Alert and Collision Avoidance System）と呼ばれる衝突防止装置がついている。自分の飛行機の周りを同じような高度で上昇、降下、または接近してくる飛行機があると、警報を出すと同時に各々の飛行機に対し上昇、または降下の回避の指示を出す装置である。

自分のすぐ上にほかの飛行機がいる時に、過大な上昇率でその飛行機に接近すると、このTCASを作動させることがある。TCASが作動してしまえば、上空にいる飛行機は上昇しなければならず、また下方にいる自機は降下しなければならなくなる。

このような動きをすると、上昇した飛行機がさらに別の飛行機に接近する危険も出てくる。そこで、自分の上空近くにほかの飛行機がいて、その高度が近接している場合には、近づくにつれて上昇率を小さくすることが必要となる。同様に、自分の下方にほかの飛行機がいる場合には、一定の高度差以下になれば降下率を減じて、TCASが作動しないように操縦しなければならない。

揺れたらどうするか

飛行機が大きく揺れた時に一番大切なのが、お客様や客室乗務員にけがをさせないことである。

飛行機が大きく揺れると、乗客または客室乗務員が、けがをすることがある。現代の飛行機において、「揺れない」ということは非常に重要なことである。パイロットは計画段階において、揺れが最も少ない高度を選択する。

しかしながら、実際の天気はその高度を飛んでみないとわからない。もし、ある高度に到達して飛行機が揺れた場合は、通常、上昇または降下により高度を変える。その時に、どのように高度を変えるかが重要である。

パイロットとして重視していることが二つある。一つは雲の形である。ある高度の雲が波打っている場合、とくに飛行機雲が大きく波打っている場合、その高度の空気は乱れていて、飛行機がその高度を飛ぶとかなり揺れることが予想される。そのような高度は避けなければならない。

もう一つ重視していることが、ほかの飛行機の高度である。一般に、揺れがあるとパイロットはその高度を避け、揺れない高度を飛行する。逆に言うと、多くの飛行機が集まっている高度近辺は揺れない高度であることが考えられる。

さらに考えなければいけないのが、燃料の消費量と時間である。ジェット機は高度と燃料の消費に因果関係があり、その時の重量や気象状態に応じて最良な高度がある。揺れるからといってむやみに高度を下げると、燃料の消費量が増える。国内線の場合はまだ消費量の増加には限りがあるが、長距離国際線の場合、下手に高度を下げると、目的地に到着した時に必要十分な燃料が残っていないこともありうる。またジェット気流が強い時期に高度を変えると、風の速度が大幅に変わる。それにより下手に高度を変えると、飛行時間が大幅に増加する可能性もある。長距離国際線の場合、30分、1時間と変わる可能性もある。

飛行中に揺れた場合、上昇するかまたは降下するかは、これらの様々な条件を考え合わせて、最も適切な高度を選択し、飛行する。

上昇、降下中の風の変化への対応

日本の上空は世界でも有数のジェット気流が吹く場所である。ジェット気流の強さは時速300㎞を超えることもある。このジェット気流は徐々に強くなるわけではない。上空の特定のある高さで急激に強くなる。そのため、高度を1000フィート（約300ｍ）変える間に、風速が80㎞も変わることがありえる。

飛行機は風の中を飛行している。急激に風速が変化すると、飛行機自体の速度が変化する。冬場、西風が強い時に西に向かって上昇していると、風速の変化により、急激に飛行機の速度が増すことがある。飛行機は制限速度が決まっている。制限速度が340ノット（飛行機の速度を表す単位：1852㎞／h）の時に330ノットで飛行しているとして、急に前からの風速が20ノット増加すると、飛行機の速度は350ノットになって制限速度を超えてしまう。このような時は、速度を300ノットにして上昇すれば、前からの風が20ノット増えても320ノットで、制限速度は超過しない。

冬場、西風の強い時には、西に向かっての上昇は速度を下げて制限速度に余裕を持った状態で飛行することが望ましい。

これの全く反対が、冬場西風が強い時の東に向かっての降下である。高度を下げることにより、後方からの強い風が急激に減ると飛行機の速度が増す。冬場、風が強い時に東向きに降下する時も、あらかじめ速度を減じ、制限速度に対して余裕を持たなければならない。

積乱雲の怖さ

パイロットにとって最も怖いものの一つに、積乱雲が挙げられる。発達した積乱雲の内部では、上昇気流と下降気流が存在し、非常に強い空気の渦ができる。この渦の中では、機体が破壊されることもありえる。パイロットは積乱雲の内部に入ってはならない。また内部に入らなくても近くを飛行するだけでも危険な状態になることがありうる。そのほかにも、雷撃、雹《ひょう》など様々な危険が存在する。

積乱雲でも遠くからよく見え、レーダーにはっきりと映るものは避けることができる。ところが積乱雲によっては、肉眼でははっきりと見えるのに、レーダーには全く映らないものがある。とくに夜間は危険である。夜間積乱雲が多い空域を飛行する場合は、レーダーのみに頼ることなく、外を見て目視に努めなければならない。

積乱雲を見つけたらなるべく早く回避する。そのためにヘディング（方向）や経路からの逸脱を管制官に承認してもらう必要がある。近づいてから避けようと思っていると、管制官に飛ぶ方向や飛行経路からずれて飛ぶことを要求しようと思った時は、管制官はほかの飛行機との交信に忙しく、交信に割り込む隙がない場合や、要求してもなかなか許可されないことが起こりうる。

発達中の積乱雲は、1分間に数千フィート発達することもありうる。積乱雲の上部も、雲がないように見えながら気流は大きく乱れていることが多い。積乱雲の上空を飛び越えようという方法は、よほど高度差がないと危険である。

発達中の積乱雲の中では、突然昇温《とつぜんしょうおん》と呼ばれる急激な気温の上昇が起こる場合がある。突然昇温が起こると、空気密度の急激な変動によりエンジンが停止することもありえる。

アジア・太平洋地区の積乱雲は、列になっていてもどこかに隙間があって避けられるものが多い。これに対して、アメリカ大陸の積乱雲はでき方が全く違う。単一の積乱雲で隙間がなく、直径が200㎞以上のものが存在する。このような積乱雲は、全体を大きく避けるしか方法はない。目的地の空港が積乱雲の下に入ると、数時間も離着陸できない場合がある。

太平洋などの大洋上で気をつけなければいけないのは、非常に細い積乱雲である。ほかには積乱雲が見当たらないのに、非常に細くまるで鉛筆のような積乱雲ができることがある。

レーダーには点として映ることもあれば、全く映らないこともある。

このような積乱雲を横切ってしまうと、前後は全く揺れていないのに、積乱雲に触れた時に突然大きく揺れることがあり、客室乗務員や乗客が負傷することもある。

大洋上は、この形の積乱雲に注意しなければならない。

もう一つやっかいなのが、冬場の日本海にできる積乱雲である。夏と違い、冬の積乱雲は高度が高くない。この場合、低い層雲が全体を覆い、パイロットには背が低い積乱雲が見えなくなる。レーダーを頼りにするしかない。ただし、石川県の小松空港では管制官がレーダーで積乱雲を避けるのと同時に、どこで落雷があったかを表示する装置も使っているので、非常にうまく積乱雲を避けながら、最終進入コースまで誘導してくれる。

積乱雲の傍《そば》を飛行する場合、突如として落雷する危険性がある。人間の目は一度明るくなると、暗いところのものが見えるようになるまでかなりの時間がかかる。とくに夜間の場合、瞳孔が開いているので、落雷した時の強い光が大量に目に入ると、再び暗いところのものが見えるようになるまでさらにかなりの時間がかかる。

これを防ぐために、機種によってはストームスイッチと呼ばれるスイッチがある。このスイッチを入れると、コックピットの中が昼間と同じように明るくなる。そのため瞳孔が閉じ、落雷してもその後で目が見えなくなることがない。ストームスイッチがない機種の場合、夜間落雷の可能性がある場合には、コックピットの中の照明を最大限に明るくして落雷に備える。

また、積乱雲の下部ではマイクロバーストと呼ばれる下降気流が発生することがある。このマイクロバーストに遭遇すると、飛行機は地上に叩きつけられる危険性がある。空港によっては、空気の移動方向を見てマイクロバーストを発見するドップラーレーダーを備え、マイクロバーストアラートを発出する。マイクロバーストアラートは、管制官を通じてパイロットに知らされる。

進入中にマイクロバーストアラートを受けたパイロットは、ゴーアラウンドして、進入を継続してはならない。この場合、上空で待機してマイクロバーストのエリアが移動するのを待つか、ほかの滑走路またはほかの空港に向かうことも考えなければならない。

高度1万フィートでの減速

飛行機は低空に降りてくると、衝突の危険性を下げるために減速することが規則で定められている。1万フィート以下の高度では速度を250ノット以下にするように規則で定められている。この規則が、日本とアメリカでは若干違う。アメリカでは高度1万フィートを250ノット以上の速度で飛ぶことが許されている。つまり、上空から320ノットで降下してきた場合には320ノットのまま水平飛行に移り、1万フィートで減速することが許されている。

日本の規則では、1万フィートに到達した時点ではすでに速度が250ノットになっていることを求められる。自動操縦装置のVNAV《ヴィナヴ》モードを使って降りてきた場合、1万フィート以下に降りるようなセットをした場合には、この1万フィートでの自動減速が行われる。ところが、FMS《エフエムエス》（フライト・マネジメント・システム）というフライト用コンピュータはアメリカ製である。またほとんどの機種のフライト用コンピュータもアメリカの規則に合わせて作られている。したがって、高度1万フィートちょうどに降下する場合、それまでの速度を維持したまま1万フィートでレベルオフしようとする。これは日本の規則には適合しない。このような場合、パイロットは自主的に速度を下げるようなコントロールをしなければならない。

他機の位置

飛行機が飛行場に近づいて進入、着陸する時に、機長として気をつけている点がある。それは、自分の直前の飛行機との距離である。

さらに、自分の直前の飛行機との距離だけでなく、直前の飛行機と、そのもう1機前を飛んでいる飛行機との距離も気にかけている。自分の直前の飛行機とその前の飛行機との間隔が小さくなりすぎると、直前の飛行機に減速指示がくる。そうなると自分の飛行機にも減速指示がくる。機長はそれに合わせて準備しておかなければならない。

管制官は着陸する飛行機同士の距離が一定になるように管制する。管制官からとくに速度の指示を受けていない場合に、機長としては距離が適切になるような速度で飛行するようにしている。このようにすれば、管制官は適切な距離を保って飛んでいる飛行機に対する注意力の配分が少なくて済む。そうすれば、ほかの飛行機に注意する時間が増え、全体としての安全性が増す。

空中待機

ある場所の上空で、陸上競技の競技場の形に飛行機が同じところを回り続けることをホールディング（空中待機）という。管制官は様々な理由で空中待機を指示する。一番多いのが、単に空港が混んで着陸する飛行機をさばききれなくなった時である。そのほかにも滑走路の上でバードストライク（飛行機と鳥が衝突すること）が起こり、その後、滑走路を点検するとか、気象状態が悪く一時的に着陸できない、などもありえる。単に混んでいるだけなら時間がたてば着陸することができるが、滑走路が何らかの理由で閉鎖されたなどの場合には、着陸できるかどうかもわからない。パイロットは代替飛行場に向かうことも含めて様々なことを考えなければいけない。

管制官からホールディングを指示されたら、FMS《エフエムエス》（フライト・マネジメント・システム）に、ホールディングパターンといわれる空中待機の経路をセットする。飛行機は非常に高速である。そのために、空中待機するには広大な空域を使う。ほかの空域を飛ぶ飛行機との安全な間隔を保つために、空中待機をする場所、方向、飛ぶべきパターンの大きさ、速度などが細かく決められている。パイロットは空港ごとの航空図を調べて、正しくその値を入力しなければならない。

いったんホールディングを開始したら、パイロットはまず燃料のことを考える必要がある。もし自分が着陸する予定の空港に着陸できない可能性を考えて、最低でも代替空港まで飛行して、さらに決められた燃料を残さなければならない。そこでパイロットは、燃料がどこまで減ったら代替空港に向かうかをあらかじめ決めておかなければならない。

この時に、代替空港までの飛行許可は要求してもすぐには来ないことを考えておかなければならない。さらに、東京国際空港（羽田）、成田国際空港、関西国際空港の三つの空港で着陸できずに、ほかの空港に向かう時は、パイロットが好き勝手な空港に向かうわけにはいかない。これらの空港では、代替空港は福岡県にある航空交通管理センター（ATFMC：Air Traffic Flow Management Center）が指定する。つまり羽田に着陸できなくて、本人は成田に向かうつもりだったのに、中部国際空港や関西国際空港を指示されることもありうる。それらのことも考えて、どこまで燃料が減ったら代替空港に向かうかを決めておかなければならない。

また、何も言われずに飛行機がぐるぐると同じところを回り始めると、お客様は不安になる。余裕があるならば、機長はアナウンスを行う。この時は、ホールディングをしている理由と着陸予定時刻を伝える。さらに、目的地の飛行場に着陸できそうになく、代替空港に向かわなくてはいけない可能性がある場合には、きちんとその旨を伝える。

ホールディング中の高空からの降下

高高度でホールディング中に、降下の指示が来た場合、降下率を大きくして降下すると不具合が生じる。現代の飛行機のＦＭＳでは、ホールディングをする基準の場所であるホールディング・フィックスを通過した時の速度で旋回半径を決めている。速度が速いと旋回半径も大きくなる。高高度では速い速度が許され、低高度では低い速度しか許されていない。これは低空でのホールディングパターンの大きさを小さくして、貴重な空港付近の空域をより有効に使うためである。

ここで高高度から大きな降下率で降下した場合、途中で速度を減じたとしても、飛んでいるホールディングパターンは、フィックスを高高度で通過した時の大きなパターンのままであり、そうなると許された空域をはみ出てしまうことが起こりうる。過大な降下率は禁物である。

ホールディング中は高度により最大速度が決められている。ホールディング中の降下は最大速度の変化にも気を配らなければならない。

進入時の対地接近警報装置

飛行機には、ＧＰＷＳ《ジーピーダブリューエス》（Ground Proximity Warning System）という対地接近警報装置が装備されている。地面に近づくと、警報を発する。低高度で過大な降下率で降下すると、ＧＰＷＳが作動する。パイロットは低高度では過大な降下率を作ってはならない。降下する場合には、高い高度で大きな降下率で降下し、高度が下がって地面が近づいてきたら、降下率を減少させるような飛び方をしなければならない。また山岳地帯では速度を減少させ、時間当たりの接近率が大きくならないようにしなければならない。

着陸――「静かについたからうまい」は間違い

人間には心理的な慣性が強く働く。着陸のために進入している局面で、急に「ゴーアラウンド」といって着陸をやめて上昇することは難しい。そこで進入中は「何かあったら、ゴーアラウンド」と思いながら進入する。こうすることによって、何かあった場合にも直ちに着陸を中止することができる。

飛行機は約1分間に700フィートの降下率で降下してくる。このまま滑走路に接地すると降下率が過大すぎて、着陸時にかなりの衝撃を伴うことになる。そこで着陸直前に操縦桿を引き、飛行機の頭を上げて降下率を減少させる。この操作をフレアーという。フレアーの操作のタイミングが遅くなる、または操作量が小さいと、大きな降下率のまま滑走路に接地することになり、ハードランディングとなる。また、フレアーの開始が早すぎる、または操作量が大きすぎるとバウンドの危険性が増し、飛行機の尾部を滑走路にこする危険性が出てくる。パイロットは常に降下率を適正に減少させるように操縦桿を動かさなければならない。

また、エンジンパワーを絞る操作も必要になる。ここで重要なのが、エンジンパワーは機械的に絞るのではない、ということである。エンジンパワーはあくまでも飛行機の降下率と、速度変化に合わせて絞らなければならない。着陸時に下降気流に捕まった場合は、逆にエンジンパワーを上げないと、適切な速度と降下率が維持できないこともありうる。

今日《きょう》のパイロットはドシンとついたから下手だとか、静かについたからうまいという評価を聞く。結論から言うと、この両方ともが間違っている。風が強く、さらにその変化が大きい場合、衝撃がほとんどなく着陸させようとすると、着陸直前に風に煽《あお》られて危険である。

また、雪や雨などで滑走路がすべりやすい場合にもある程度衝撃をもって着陸させ、素早くスピードブレーキや逆噴射が使えるようにしたほうが、制動距離を短くすることができる。もちろん、晴れた風の弱い日に、滑走路の長さが十分な空港に着陸する場合には、衝撃が少なく着陸するほうが望ましい。

パイロットは様々な条件を考えて、どのような着陸をするのか明確なイメージを持って着陸するべきである。

着陸時に飛行機が滑走路に着く点が伸びてしまい、滑走路の内側にかなり入ってしまった場合は、ゴーアラウンドして着陸をやり直すべきである。接地点が伸びたまま無理に着陸して、滑走路内で止まりきれず、滑走路を飛び出してしまった例は多い。

勾配を持った滑走路への着陸

滑走路を完全に平らにするには、多額の費用がかかる。そこで許容される値ではあるが、滑走路の接地面が登り勾配をもって作られている飛行場がある。この飛行場に着陸する時は、ハードランディングになりやすい。飛行機の進入してくる角度は3度と非常に浅い角度である。もし接地面が0・7％の勾配（1000mの長さに対して7mの高さ）をもって作られているとするならば、約0・5度の角度に匹敵する。つまり空気に対しては3度で進入する飛行機も、滑走路に対しては3・5度の角度で進入することになる。

このような滑走路の場合、通常と同じフレアー操作を行うとハードランディングになる。パイロットは通常のフレアー操作よりも、より高い高度で、より大きくフレアーを開始するか、あるいはエンジンのパワーを多めにして接地するか、どちらかを取らなければ降下率を適正な範囲に収めることができない。

短い滑走路への着陸

飛行機が着陸する時は、フラップという装置を出して翼の面積を広げ、低速でも失速しないようにする。短い滑走路に着陸する場合には、まずより角度の大きなフラップを使う。そうすれば、速度に対して揚力が増すので、着陸進入の速度を減じることができる。747の場合、着陸のフラップは25と30と両方使える。フラップのより大きい30にすると、進入速度を5ノット（約9km／h）減らすことができる。フラップを大きく出すと、空気抵抗が増し、着陸後の停止距離も短くできる。

日本は平地が極端に少ない。滑走路を作るには非常に広大な土地がいる。そのため、新しく作られた滑走路は、山の上に作られた滑走路が非常に多い。

滑走路が山の上に作られると、霧が発生しやすくなる。霧と雲は本質的に同じものである。地上についているものが霧であり、上空にあるものが雲である。山の上に作られた滑走路に着陸する場合に注意しなければならないのは、この雲である。ほとんど晴れ渡っていても、ごく少量の雲がちょうど滑走路を視認しなければならない場所にできることがある。このため、計器進入を行なっていて定められた最低高度に達しても滑走路が見えないことがある。

このような場合、パイロットはゴーアラウンドを行い、その空港には着陸できない。そこで、山の上に作られた滑走路に着陸する場合で、かつ気象状態が悪いと予想される場合には、十分な量の燃料を持って飛行しなければならない。

平行滑走路

飛行場によっては羽田や成田、関西空港などのように平行した複数の滑走路を持っている飛行場もある。このような空港では、1本の滑走路への進入を指示されていても、急に何らかの理由でもう1本の滑走路への進入を指示されることがありえる。

そこでパイロットは両方どちらの滑走路への着陸が指示されても対応できるように、あらかじめ航法装置の周波数の予備周波数に、平行滑走路の周波数を入れておく。

また、着陸前にはランディング・ブリーフィングといって、着陸に関する様々な情報を機長と副操縦士が確認し合う。このランディング・ブリーフィングも、どちらの滑走路が指示されてもよいように両方の滑走路について行なっておくと、急な滑走路の変更にも慌てないで済む。

雪の滑走路

雪の滑走路で一番問題となるのが、滑走路の摩擦係数の低下である。前後方向のブレーキの制動に関しては細かな性能計算がなされ、雪の中、滑走路に着陸しても安全が確保される。

ここで問題となるのが、横方向の滑りである。雪の滑走路ではブレーキの制動力がさほど期待できない。飛行機を止めるのに一番効果があるのが逆噴射である。しかしながら、横風の中で逆噴射を行うと、飛行機の機首が風の方向に向きやすくなる。逆噴射をしている最中に、もし飛行機の機首の方向が変わり始めた場合には、直ちに逆噴射状態をアイドル状態に戻し、いったん方向を立て直さなければならない。方向を立て直したのちに、さらに再度逆噴射を最大限に使うようにする。

もう一つ、雪の滑走路で注意しなければならないことは滑走路からの離脱である。飛行機用のタイヤは、一般に縦の溝しか掘られていない。飛行機は非常に暑い気象状態のところから雪の滑走路に至るまで、非常に幅広い天候の中を飛ぶ。出発地が異常な高温でも、着陸地が雪ということがありえる。そのために、自動車のようにスノータイヤに履き替えるというわけにはいかない。飛行機用のタイヤは左右方向に滑りやすい。

滑走路から誘導路に離脱する場合には速度を十分に低下させなければならない。さらに有効なのが、ディファレンシャル・ブレーキというブレーキの使い方である。航空機のブレーキは左右が独立して利くようになっている。つまり、片側のブレーキだけ強くかけることができる。雪の積もった地上で旋回する場合に、右に旋回する時には右足のブレーキだけを踏み、左に旋回する時は左足のブレーキだけを踏むというように、ブレーキを補助に使うことにより、よりスムーズに方向を変えることができる。

滑走路末端では、着陸時に多くの飛行機のタイヤが滑走路面に擦りつけられ、ゴムが付着していることが多い。定期的にゴムの除去を行なってはいるが、完全には取り除くことはできない。取り除いた後からすぐに新しいゴムが付着する。

このゴムの表面が、雨や雪などで濡れると非常に滑りやすくなる。滑走路の末端の誘導路から出ようと思って、速い速度で末端近くまで進入すると、滑走路内で停止できなくなることもありえる。

とくに指示されないかぎり、末端の一つ手前までの誘導路で滑走路から出ることが望ましい。もし末端の誘導路から出たい場合は、その手前で十分に減速しなければならない。

ゴーアラウンド

飛行機が着陸をやめて再び上昇することをゴーアラウンドという。このゴーアラウンドには様々な理由がある。管制官に指示されてゴーアラウンドする場合もありえるし、規定の高度まで降下したが滑走路や必要な灯火が見えずにゴーアラウンドすることもありえる。

このゴーアラウンドに対してパイロットが考えなければいけないのは、人間の心理的慣性である。人間はそれまでの思考を続けることが上手ではあるが、それまでの思考と違う思考に切り替えることは上手ではない。そこで心理的にゴーアラウンドに備えるために、進入中は「何かあったら直ちにゴーアラウンド」と思いながら、滑走路に向けて進入していくことになる。

通常ほとんどのアプローチには、ミストアプローチプロシージャといい、ゴーアラウンドしたのちに飛行機がどのように飛ぶべきかが定められている。ゴーアラウンドしたのち、パイロットはこのミストアプローチプロシージャに従って飛行するとともに、直ちに管制官にゴーアラウンドした旨を通報しなければいけない。

ゴーアラウンド後の行動は、ゴーアラウンドした理由により大きく変わる。ほかの飛行機との滑走路への進入間隔が狭くなりすぎて、着陸前にまだ前の飛行機が滑走路からどかずにゴーアラウンドしたような場合には、進入し直すことができる状況が多い。この場合、パイロットは管制官に再びレーダー誘導してもらって進入し直すことを要求する。

気象状態が悪く、規定の高度まで降下したのち、滑走路や灯火が見えなくてゴーアラウンドした場合には話が違ってくる。この場合、再び直ちに進入しても滑走路が見える可能性は非常に低い。パイロットはあらかじめ定められた上空の一点で空中待機（ホールディング）をしながら天候の回復を待つことになる。さらに、長時間空中待機をしても天候の回復が見込めない場合、パイロットは代替空港に向かうことを決断する。この場合、パイロットは管制官に代替空港までの飛行経路と高度を要求する。

ダイバート

目的の空港に着陸できず、ほかの空港に向かうことをダイバートという。ダイバートを決断する場合、どんな理由によるのかと、どれぐらい混んでいるかにより、いつ決断すべきかが変わってくる。混んでいる空港からダイバートする場合には、早めにダイバートを行なったほうが賢明である。

気象状態が原因で着陸できない場合は、ある程度の時間が読める場合がある。朝方の放射冷却により生じた霧で視程が下がっている場合、日の出から数時間で解消することが多い。これが海の近くの空港で海霧が移流霧《いりゅうぎり》となって進入してくる場合には回復に時間がかかる。

雷雲が原因の場合、着陸できないのは数十分から1時間程度であることが多い。

他の飛行機が滑走路上で故障して、エンジンオイルやハイドロオイル（飛行機の機器を動かすための油圧系統に使われている作動油）を滑走路上にまき散らした場合、その滑走路で離着陸ができるようになるまでには非常に時間がかかる場合が多い。

単なる空港の混雑などの場合は、30分以上遅れることはまれである。

機長はこれらのことを考え、また残っている燃料の量も考えて、いつダイバートをするかを決断する。

前に書いたように、代替飛行場までの経路と高度を要求しても、直ちにそれが承認されるとは限らない。天候が悪くてダイバートするような場合、ダイバートするのは自分の飛行機だけではない。ほかの飛行機も合わせてダイバートする可能性が非常に高い。そのような場合、代替飛行場までの高度や経路を要求してもなかなか承認されないことがある。

とくに羽田、成田、関西国際空港においては、一つの空港に多数の飛行機が集中することを防ぐために、代替飛行場は福岡県にある航空交通管制センターが指定する。自分は中部空港に行きたいと思っても航空交通管制センターから関西国際空港や伊丹空港（大阪）を指示されることも十分にありえる。

場合によっては燃料を十分に積んでおかなければ、遠い空港へのダイバートは難しくなる。もし指示された代替飛行場が遠すぎて燃料が不足する場合、パイロットは燃料の不足とフューエル・エマージェンシーの宣言を行い、より近い空港へのダイバートを要求しなければならない。

ダイバートで重要なことは、いったんダイバートを始めたら、再び元の空港に戻ろうとしないことである。ダイバートを始めて、気象状態が改善したという通報をもらって最初の目的地に引き返した場合、到着時に再び気象状態が悪化して着陸できなければ、再度ダイバートする燃料が足りなくなる。

また、火災などによる空港閉鎖などの場合は、情報が混乱し、実際には空港が再開されていないのに、再開したという情報が伝わってくることさえある。いったんダイバートを始めたら、情報に惑わされずにダイバートしたほうが安全である。

機長は、いかなる時も乗客の命をギャンブルにさらしてはならない。

エンジン故障

現代の飛行機においては、エンジンが故障する確率は非常に小さい。複数のエンジンが同時に故障する確率はさらに小さい。しかしながら、様々な理由でエンジン故障は起こりうる。パイロットはこのエンジン故障が起きた時の操作や操縦手順をシミュレータで何回、何十回、何百回と練習している。エンジン故障が起きた場合、原則は一番近い空港に着陸することである。エンジンが故障した場合には直ちにエマージェンシーを宣言し、優先的取扱いを求めることとなる。

また過去、着氷を防ぐために空気取り入れ口を高温の空気で暖める、エンジン防氷装置のスイッチを夏場にオンにしたまま離陸し、エンジン火災の警報を点灯させてしまった事例がある。離陸前のスイッチポジションの確認は非常に重要である。

バードストライク

飛行機が鳥と衝突することをバードストライクという。空港の周りは鳥にとって楽園である。とくに海に近い空港は鳥にとっての天敵もおらず、餌場が近く、鳥が好む条件がそろっている。

低空で前方に鳥が見えた時の鉄則は、それが大群でない限りは無理な回避操作をしない、ということである。低空での無理な回避操作は、飛行機全体を不安定にして危険を増大させる。

鳥が機体に当たっても、それほどのダメージはないことがほとんどである。一番困るのがエンジン、それもエンジンの空気を吸い込んで圧縮、燃焼させているコア部分に鳥が吸い込まれることである。吸い込んだ鳥が圧縮機のブレードを1枚折ると、折れたブレードが後ろの段のブレードを壊し、最終的にはエンジンを完全に壊してしまうことがある。

これに対して、エンジンの最前部に付いて空気を後ろに送っているファンの部分に当たった場合、ファンが変形して振動は出るものの、エンジンのコア部分そのものは正常であることが多い。

現代の旅客機のほとんどがエンジンが2台の双発機である。離陸直後のバードストライクの場合、鳥の当たり方によっては、まだエンジンが推力を出していることが多い。このような場合エンジンを停止せずに、出ている出力を使えるだけ使うのも一つの方法である。

夜間に物が見えないことを鳥目というように、鳥は夜間、飛ばないように思われるが、実際は夜間もかなりの数の鳥が飛んでいる。それにも注意する必要がある。

もう一つ困るのが、鳥が機首のレーダーを入れてあるレドームに衝突した場合である。レドームはレーダーの電波を通過させるために、FRP《エフアールピー》（ガラス繊維をプラスチックで固めたもので、電波を通す）で作られている。この部分に鳥が衝突するとレドームを破損または変形させることがある。機首部分にはピトー管があり、空気の圧力を測って速度を算出している。またその後方にはスタティックポートがある。これも空気の圧力（静圧）を測って高度計に高度の情報を送っている。

レドームが破壊または変形すると、レドーム部分を流れる空気に渦ができ、静圧と動圧が変化する。つまり正しい速度と高度がわからなくなる危険がある。

このような場合は、ＧＰＳ（全地球測位システム）の値が参考になる。現代の飛行機は、そのほとんどがＧＰＳを積んでいる。飛行機の計器のうち、対地速度はＧＰＳで補正された慣性航法装置から出されている。空気に対する速度が当てにならなくなっても、このＧＰＳの速度は影響を受けない。この速度と風の強さを考え合わせると、その時の空気に対する速度を推察することができる。

またＧＰＳを使っている飛行機は、ＧＰＳで計測した絶対高度を表示できるものもある。このＧＰＳを使った絶対高度は電波により高度を測っているので、速度と同じくレドーム周りの空気の流れは影響を受けない。ただし、通常の高度計は温度による気柱の伸び縮みや、海面気圧の影響を受けるが、このＧＰＳによる高度は海面からの絶対高度である。通常の高度とは差があることを認識しておかなければならない。

速度、高度がわからなくなった場合、状況によってはチェイサー（同伴機）として小型のジェット機や、戦闘機を呼ぶことも考えられる。相手の飛行機に自分の飛行機の斜め前を飛んでもらい、それについていくことで速度と高度を適宜変えて滑走路に誘導してもらう。あるいは自機の斜め後ろについてもらい、高度と速度を読み上げてもらう。

この時、注意すべきなのは、絶対に真横に並ばないことである。旅客機の翼の周りには、下から上に向かって渦が発生している。この渦に小型機が巻き込まれると、2機が衝突する危険がある。

操縦席の窓のヒーティングの故障

操縦席前方の窓は電気により暖められている。このヒーティングが故障した時に問題となるのが、窓の強度である。操縦席の前の窓は、ビニールをガラスで覆ったように何層もの材料でできている。このビニール部分の強度を保つには、温度を上げておく必要がある。温度が下がると粘りがなくなり、ちょっとした衝撃で簡単に割れるようになる。強度が低下した状態で鳥と衝突すると、窓が破損する恐れがある。

ヒーティングが故障した場合、鳥が多い低空を飛行する場合はなるべく低速を保つことが望ましい。

エンジンのオイル漏れ

エンジンオイルが巡航中に徐々に漏れることもある。エンジンオイルが漏れ出した場合、上空で一度エンジンを停止させ、一度停止させたエンジンを空港への進入開始直前に再始動させることにより、着陸時には全エンジン作動状態で着陸することを考慮すべきである。

国内線の場合は非常にたくさんの空港があり、すぐに着陸できることが多い。しかしながら、洋上のルートやシベリア大陸の上空のような場合、すぐに着陸できないことがある。エンジンは離陸時やゴーアラウンド時には大出力が必要だが、巡航時にはさほど大きな出力は必要としない。

上空での1エンジン不作動の飛行はさほど難しくない。

火山

地球上には非常に多くの数の火山が活動をしている。火山から噴き出した火山灰の中に飛行機が入ると大変危険である。現在、全世界的な規模で気象衛星から火山灰の監視が行われている。しかしながら急に噴火したような場合、その情報が当該空域を飛んでいる飛行機に伝えられるまでには時間がかかることが多い。

残念ながら、火山灰は気象レーダーには映らない。火山灰を感知できる兆候としては、最初にまず硫黄《いおう》の匂いが挙げられる。さらに、操縦席の窓が静電気で帯電し窓全部がぼーっと橙色《だいだいいろ》に光ったり、窓の表面に細かな放電現象が見られたりする。このような兆候があった場合には、飛行機は火山灰の中に入っている。

飛行機のジェットエンジンが火山灰を吸い込むと、燃焼室でその灰が溶かされ、後方にあるタービンブレードに付着する。その時にタービンブレードの形を変え、空力的な働きを妨げ、エンジンが回転を続けることができなくなることが多い。火山灰の中に入ったことが確実になった場合、エンジンの出力を下げ、場合によっては180度の方向旋回を行なって火山灰から抜け出さなくてはならない。

もう一つ、火山灰に遭遇した場合に非常に困ることがある。細かい粒子が操縦席の窓ガラスに当たり、窓がすりガラス状になる危険があることである。このような場合、自動着陸装置が使える空港であれば自動着陸をすることが望ましい。さらに、どこか一部にはすりガラス状になっていないところがあるはずだから、そこを探して、そこから外部を見るようにする。

火山灰に遭遇してエンジンが停止した場合、直ちにエンジンを再始動しようとしてはならない。火山灰に入っている中でエンジンを再始動しても、タービンブレードに火山灰の溶融《ようゆう》物《ぶつ》が付着するだけである。

火山灰の層の厚さには限りがある。山岳等との衝突が問題となる以外は、火山灰の層を抜

７４７のエンジンのタービンブレード。このブレードの表面に火山灰が溶融したものが付着し、冷却されて固着するとブレードの形が変わり、エンジンが回転しなくなる。（写真提供：金田彦太郎氏）

けてからエンジンの再始動を始めるべきである。

ＡＰＵ《エーピーユー》（補助動力装置）についても同様である。通常、上空ではＡＰＵは作動していない。補助動力装置のタービンブレードには火山灰の溶融物が付着していない。火山灰層を抜けていないうちにＡＰＵの始動を試みると、ＡＰＵのタービンブレードにも火山灰の溶融物を付着させてしまう。

確実にＡＰＵを使用するためにも、火山灰層を抜けてからＡＰＵの始動を試みるべきである。

燃料の欠乏

燃料の欠乏には三つの種類がある。一つは燃料タンクあるいは配管からの燃料漏れである。この場合、各燃料タンクの燃料の残量に差が出ることが多い。また最初に搭載した燃料の量から、エンジンが消費した燃料の量を引いた値と、現在残っている燃料の量に差が生じる。

もう一つは、燃料システムには異常はなく、様々な理由で実際の消費量が多いことである。

予想よりも向かい風が強い、燃費が悪い、最適な巡航高度に上がれない、気象状態や様々な理由により大幅な迂回を余儀なくされたなどである。場合によってはランディングギアのドアの一部が開いている、あるいはフラップの一部が上がりきっていないなど、機体の抵抗が大きいことも考えられる。

出発前に作られたフライトプランには、通過点ごとに残っているべき燃料の量が記載されている。機長は通過点ごとに、実際に残っている燃料の量とフライトプランに記載されている通過点ごとに残っているべき燃料の量を比較しなければならない。

三つ目は、最初に燃料の搭載量が少なすぎた場合である。

燃料が不足してきた場合には、早めに手前の空港に着陸することを考えなければならない。

様々な事態で燃料が欠乏してきた場合、管制官に優先的な着陸を求めることになる。この時に注意しなければならないのは、燃料の欠乏を伝えただけでは、管制上の優先権は与えられないことである。管制上の優先権を要求するためには、フューエル・エマージェンシーを宣言しなければならない。

機内火災

飛行機において、機内火災は最も怖いものの一つである。飛行機のエンジンや貨物室には消火装置が備えつけられている。しかしながら、客室には消火器はあるが、大規模な消火装置はない。

上空の機内の湿度は10％以下である。たばこの火の不始末や、漏電などで客室内火災が起こった場合、完全に消化することは難しい。

機内火災が恐ろしいのは、電線や油圧のパイプなどの操縦に不可欠な装置を駄目にしてしまう危険があることである。機内火災が消火できない場合、10分から15分以内に飛行不能になることもありうる。

機内火災が起こった場合には、着陸重量の制限を超過していても、なるべく早く着陸できる空港に着陸するのが望ましい。

燃料投棄

777やA380のような大型機の場合、離陸時には大量の燃料を積んでいる。離陸時のエンジン故障などで、離陸後すぐに着陸する場合は、そのままでは着陸重量の制限を超過してしまう。そこでいったん洋上に出て、安全な場所で、燃料を捨てることになる。

この時、重要なのが燃料を投棄する高度である。投棄された燃料は、いったんは下に向かうが、やがて蒸発する。ところが投棄高度が低すぎると、下にいる船舶などの電気や火花が引火する危険性がある。燃料投棄は最低でも4000フィート（約1200m）以上の高度で行わなければならない。

ただし1988年9月2日、コックピット上部から出火したにもかかわらず、食器の片づけなどの客室準備や燃料投棄をしようとして時間を使いすぎて墜落したスイス航空111便の事例のように、機内火災の場合には燃料投棄を考えるよりも、超過重量で着陸したほうがはるかに安全である。

737などの飛行機には、燃料の投下システムはついていない。この場合、状況に応じて超過重量着陸したほうがよい場合もありえるし、上空待機して飛び続け、燃料を消費してから着陸したほうがよい場合もある。機内火災の場合は直ちに超過重量着陸をすることが望ましい。一方、後に述べる片脚着陸のような場合には、限りなく燃料の量を少なくするために、十分な消火設備があり、かつ長い滑走路を持つ空港まで飛行して、上空待機して燃料を減らすことが望ましい。

急病人

機内で病人が発生すると、客室乗務員は機長に知らせる。また、機内で医師や看護師、救急救命士などの医療行為ができる人を探す。現在の飛行機には薬や医療器具が搭載されている。AED（自動体外式除細動器）も積まれている。

急病人の知らせを受けたコックピットでは、やることがいくつかある。最初に行うのは誰が操縦し、管制官との連絡を行うかを明確にすることである。機長と副操縦士の二人とも起こった事態への対処を始めてしまうと、飛行機を飛ばす人間がいなくなってしまう。

顔色が悪い、唇の色が紫、呼吸が荒いなど心臓や呼吸器系の病気が疑われる場合は、可能ならば飛行高度を下げることを考える。

飛行機の胴体の強さには限界がある。与圧《よあつ》（与圧とは空気の薄い上空でも生きていけるように、客室内の空気の圧力を上げることである）をかけると機体に力がかかる。上空で地上と同じ気圧にしようとすると、ものすごく頑丈な飛行機にしなければならない。そうなると乗客の数も減り、航空運賃もものすごく高くなる。そこで常に一定の圧力差までしか与圧をかけられない。そのため、飛行機は高い高度を飛べば飛ぶほど、客室内の空気の圧力が小さくなる。場合によっては、２７００ｍ前後の山の上と同じだけの空気の圧力しかかかっていない場合もある。

心臓や呼吸器の病気の場合、たとえ１００％の酸素を吸入させたとしても、空気の圧力以上の酸素の圧力にはならない。そのため、なるべく早く飛行機の高度を下げる必要がある。問題は、高度を下げると燃料の消費量が増えることである。高度を下げすぎて燃料の消費量が増し、目的地に到達した時の燃料の残りが少なくなりすぎると危険である。

国際線の場合はまず、どこまでなら高度を下げても大丈夫か、燃料の量を計算する。心臓、呼吸系の病気が疑われる場合、管制官に要求して、下げても燃料的に大丈夫なところまで高度を下げる。国内線の場合、非常に多くの空港があるので最悪、途中の空港に着陸することもできる。症状によっては、ただちに管制官に低い高度をリクエストしたほうがよい場合が多い。高度を下げる時は、たとえば737－800の場合、3万フィート以下に降下することが望ましい。

過去、何回も乗客の体調不良の報告を受けた。個人的な経験では、8割ほどの割合で高度を下げると治ってしまう。真っ青な顔をして息が荒かった乗客が、高度を下げることで到着時には完全に回復していることも多い。

次にパイロットが考えるのが、どこかの空港に緊急着陸することである。医療器具や薬が搭載されているとはいえ、機内でできることは限られている。やはり、地上に降りて病院に入院したほうがよりよい医療が受けられる。

クルーズ中のパイロットは、いま急病人が出たらどの空港、いま火災が起きたらどの空港というように、緊急事態に陥《おちい》った時に、どの空港に向かうかを考えながら飛んでいる。そのため、飛行経路上の空港の気象状態を定期的にチェックしている。

近くても、最低気象条件以下の空港には着陸できない。また急病人の場合、必ずしも一番近い空港が最良の空港とは限らない。空港によっては街からかなり離れていて、周囲に大きな病院がないことがある。そんな空港に着陸するよりも、少し離れていても、大病院が近くにある空港に向かったほうがはるかによい場合もある。

いざ急病人のための緊急着陸を決めた場合、地上に連絡して救急車の手配をしてもらう。飛行機には、高度1万フィート以下は速度250ノット以下という速度制限がついている。急病人で一刻も早く着陸する必要がある場合、管制官に要求してこの速度制限を解除してもらう。またメディカル・エマージェンシーを宣言して管制上の優先権も要求しなければならない。使用する滑走路や、どの誘導路で出れば目的の場所まで一番時間が短くて済むか、どのスポットに入れば、救急隊の隊員に最短で引き継ぐことができるか、考えておく必要がある。

このような状態に備えて、シミュレータで、低空でどこまで高速で飛行し、そこからいかに減速して着陸すれば最短時間で着陸できるか、練習しておくことが望ましい。

また、客室では医師を探してもらうのは当然として、緊急着陸の場合、病人がいる旨説明し、着陸後病人を最初に降ろすために「絶対に席を立たないでください」と乗客に徹底してもらっておく必要がある。

緊急降下

ジェット旅客機が飛んでいる高度の空気は非常に薄い。もし与圧装置が故障したりして与圧が失われると、人間はすぐに意識を失ってしまう。また、その高度では長時間生きることはできない。そこで与圧装置が故障したら、乗客の前には酸素マスクが降りてくる。

パイロットは与圧を確保することに努めるが、与圧が確保できない事態になった場合は直ちに緊急降下に移る。緊急降下の際には機首を下げるのであるが、そのまま機首を下げると強いマイナスGを感じる。そこで旋回しながら、降下を開始する。

その時に重要なのが、どちらに旋回するかである。障害物のない方に旋回するのが正しい方法である。間違っても山岳地帯に向けて方向を変えてはならない。

与圧装置の故障の場合は、最大速度まで加速して、より素早く降下することが望ましい。しかしながら、窓が破れた、貨物室のドアが開いたなど、機体の一部が破損したことによる与圧の減少の場合、むやみに加速することは機体のダメージをさらに広げることになる。このような場合、その時の速度を維持したまま降下することが望ましい。

片脚着陸——漏れる燃料を最小限に

着陸時、飛行機のランディングギアを出した場合に左右どちらかのランディングギアが出ない、という事態はきわめてまれである。旅客機では、重要なシステムはすべて多重になっている。ランディングギアを油圧で出せない場合は、電気または人力で出せるようになっている。

ランディングギアが出ないのを経験するパイロットは数万人に一人の確率であろう。ほとんど出会わない事象であるからこそ、事前に研究しておかなければならない。

着陸時にランディングギアを出した時に、左右どちらかのランディングギアが正常に出ているという緑のランプがつかない時がある。この場合、まず高度を取って安全な高さで自動操縦装置で飛びながらライトテストを行い、そのランプが切れていないことを確かめる。次に、もう一度通常のやり方で、ランディングギアを上げ下げしてみる。それで駄目な場合、代替装置でランディングギアを下げようとしてみる。ここまでやって事態が変わらない場合、滑走路上空を低空低速で通過し、飛行場の整備士に双眼鏡で確かめてもらう。

一方のランディングギアが出ていない場合、燃料が許せば上空に上がり、機体に加速度をかけてみる。高高度から降下し、速度をつけたところで操縦桿を引き、下方に加速度をかける。さらには機体を横滑りさせる方法もある。高度を上げ、一方のラダーを踏み、通常の旋回とは逆側にエルロン（補助翼）を取る。ただし、現代の後退翼機で機体を横滑りさせると、後方になった主翼が、非常に失速しやすくなる。少しでも大きな振動を感じたら、横滑りをやめなければいけない。

もし、ランディングギアがほとんど出ているように見えながら、最後のロックがかからないような場合、機体を若干滑らせながら、ロックしていない側のタイヤを滑走路にこすり、その力でロックを試みる方法もある。

様々な手段を尽くしても、片側のランディングギアが出ない場合、長い滑走路を使用する。天候や燃料を考慮のうえ、滑走路が長い空港に向かい一番長い滑走路に着陸する。

一方のランディングギアが出ない場合に一番問題となるのが、出ていない側のエンジンが滑走路の表面に接触してねじれ、その時に主翼内の燃料タンクを歪ませて破壊し、そこから燃料が漏れ、その燃料に引火することである。金属が高速で滑走路面に接触すると、火花が生じる。最も重要なことは、燃料を減少させ、タンクが破壊されても、漏れる燃料の量を最小限にすることである。そのためには、ランディングギアが出ない側の燃料タンクの燃料を使い切る。燃料はランディングギアが出ている側に残す。こうすることによって、ランディングギアが出ている側を重くするとともに、接地時にタンクが破壊しても燃えるものがないようにしておく。

なるべく低速でエンジンが滑走路と接触するようにするためには、ランディングギアが出ない側の主翼を少しでも遅い速度になるまで滑走路に接触しないようにしておくことが望ましい。そのためには以下のようなことを行う。

可能なら、乗客をランディングギアが出ている側に移動させる。また乗客が少ない場合は、なるべく機体の前後に集め、翼から遠ざける。

スピードブレーキ（翼の上に立ち揚力を減少させる装置）は揚力を減少させ、翼が浮こうとする力をなくしてしまうので使わない。

逆噴射（エンジンの空気を前に噴き出してブレーキをかける装置）はランディングギアが出ている側のエンジンだけを使う。

オートブレーキは使わない。ブレーキをかけると方向が変わろうとするので、方向に注意しながらブレーキをかける。

操縦桿を回して使い、少しでも長い間ランディングギアが出ていない側の翼を浮かせておく。

機体が完全停止したら直ちに乗客乗員の脱出を開始する。この時、機体が傾いているため上がっている側の緊急脱出用のスライドは角度が急になっているので、脱出した乗客が負傷する可能性がある。

左右のランディングギアが同時に出ない場合、あるいはランディングギアが出ない状態で急病人が発生し、燃料がなくなるまで待っていると生命の危険があるような場合、すべてのランディングギアを引っ込めて胴体着陸したほうが望ましい場合もありえる。

前脚が出ない状態での着陸

天候が許せば、なるべく長い滑走路がある空港でかつ消防体制が整った空港に向かう。少しでも長く機首を上げておくために、重心をできるだけ後ろにする。

目的空港に到着したら燃料をなるべく減らす。ただし、完全に空にしてはならない。後退翼機は外側の燃料タンクが後ろのほうにあるので、なるべく翼端に近いタンクに燃料を残して重心を後ろにする。センタータンクは重心より前にあるので、一番先に空にする。

乗客を後部に集め、機首を軽くして機首が滑走路に着くのを少しでも遅くする。スピードブレーキは機首を上げる効果があるので最大限に使う。逆噴射も最大限に使う。ランディングギアのブレーキは機首を下げるモーメントを作るので極力使わない。

前脚（ノーズギア）が出ないまま着陸すると、機首が下がり、機体の後ろが上がった状態で停止する。このような場合、機体後部の脱出スライドは角度が大きくなりすぎ、危険である。

緊急脱出

緊急脱出の最大の問題は、パイロットにはもし火災が発生していてもどの程度なのかが見えず、他人からしか有効な情報が得られないことである。

床面が地上から1・8m以上の高さがある飛行機は、緊急脱出用のスライドを備えなければならない。また、このスライドは6秒以内に展開することが求められている。

機内外の火災や機内への煙の充満、大量の燃料漏れなどは直ちに脱出しなければ危険である。緊急脱出に使用されるスライドは、90秒以内に乗客乗員全員が機外に脱出することだけを目的に作られている。つまり、死亡するよりは負傷するほうがましだという前提で作られている。報道で脱出時に負傷者が出ることを非難する向きもあるが、負傷者が一人も出ないことを期待してはならない。

脱出が必要なのに脱出を行わなかった、という事態だけは避けるべきである。これに比べれば、脱出が必要なかったのに脱出した、という事態のほうがまだましである。過去、機長からの適切な脱出開始の指示がなかったために逃げ遅れた多くの事例がある。

多くの評論家やマスコミ、場合によっては航空関係者でさえ、当事者が現場で知りえず後から事故調査などで判明した事実をもとにパイロットを批判する。このような雑音に耳を傾ける必要はない。

緊急事態の訓練では、乗客がパニックを起こさないようにするパニックコントロールが重視されている。しかしながら、実際には映画で見られるようなパニックとは反対に、フリージングと呼ばれる恐怖により身動きができなくなる状態や、乗客が緊急事態であることを心理的に拒否して全く逃げようとしない例も見られる。乗員はパニックコントロールと同時に、このフリージングにも対処できるようにしておかなければならない。

海上への不時着水

水面への着水は望ましいことではない。しかし燃料枯渇や全エンジンの停止、機内火災が消火できないなど、不時着水をせざるをえない状況も存在する。

不時着水の最重要点は、機体を壊さないことである。機体が壊れればそこから水が浸入し直ちに沈没する。機体を壊さないためには、なるべく低速、低降下率で水面に接触することである。また、水面のうねりに対して直角に接触してはならない。海面には必ず波がある。

うねりと平行に水面に着くようにするべきである。

不時着水の場合に重要なのは、水面につく前にすべての穴を閉じることである。一番大きな開口部は、アウトフローバルブ（開いたり、閉まったりすることにより機内の与圧の圧力を調節するバルブ）である。

着水の1分前あるいは30秒前には、機内アナウンスにより、全員に衝撃防止姿勢を取らせなければならない。

不時着水した場合でも、機体が破損しなければ一定時間、機体は浮いている。ただしこの場合、機体の後部が下がっていることが多い。後部が下がると、最後尾のドアは水面の下になり、ドアを開けると水が一気に流れ込むことがある。客室乗務員はドアを開ける前に、ドアの下部が水に浸かっていないことを確認しなければならない。

全エンジン停止

全エンジンが同時に停止する確率は非常に低いが、パイロットは万が一の事態にも備えておかなければならない。全エンジンが停止した場合、飛行機は滑空することにより飛び続けることができる。

現代の飛行機の滑空比は17対1から19対1程度である。高度は6000フィートにつき1マイルとなる。つまり3万フィート（9144m）の高度を飛んでいる場合、これは垂直の距離としてみると5マイル（9・3km）になる。ここで全エンジンが停止し、滑空比が19対1の機体だと、無風で95マイル（約176km）の距離を飛行できることになる。全エンジンが停止した場合、機体を直ちに、着陸可能な空港、あるいは少なくともその方向に近い方向や、洋上の場合には陸岸に近い方向に向けなければならない。

高高度での全エンジン停止の場合、APU（補助動力装置）を直ちに始動したくなるが、高高度ではAPUの始動可能性が減少する。機内に搭載されているバッテリーの容量には限りがある。高高度でAPUの始動を繰り返すと、APUが始動可能な高度になった時には、すでに始動に必要な電気がないという事態が起こりうる。APUの始動可能高度は機体ごとに違うが、その高度以下にまで高度が下がるのを待って、始動を試みるほうがよい。APUの始動に成功すれば、電力と空気圧を確保することができ、両者を使ってエンジンの始動を試みることができる。

（注：APUは電気や空気の圧力を作り出すためのもので、飛行機の推進には全く役に立たない）

左右の高度計の差

通常、高度計の左右差はほとんどない。左右の高度計に差が出た場合、直ちに管制機関に通報しなければならない。不正確な高度計に従って飛行すると、他の飛行機と衝突する危険性がある。通常、飛行機には予備の高度計があり、これと比較して左右どちらの高度計が正しいかを判断しなければならない。

この時に補助となるのが、ＧＰＳが測定する絶対高度である。通常、飛行機が飛ぶ気圧高度は温度による気柱の伸び縮みがある（空気は気体であるので、温度が上がると体積が増加する。気圧高度計上で同じ3万5000フィートでも、温度が上がるほど実際の高度は高くなる）。また地上気圧によっても変わるが、気圧高度3万5000フィートは絶対高度にすると東南アジアで3万7000フィート、日本付近で3万6000フィートとなり、アラスカに近づくにつれ、3万5000フィートからまたさらに下がることが多い。

これを考えて、左右どちらの高度計が正しいか判定することができる。

機内アナウンスの鉄則

飛行機が順調な状態での機内アナウンスは重要な問題ではない。問題なのは機材故障で出発が遅れる、気象状態で出発できない、あるいは空中待機を指示されている、目的地の空港の滑走路が閉鎖されていつ着陸できるかわからない、など通常ではない状態での機内アナウンスである。

飛行機の運航にとって安全は絶対に確保するべき重要事項であるが、安全が確保された段階では安心も重要である。

機内アナウンスにはいくつかの鉄則がある。その第一は、正直に事実を伝えるということである。遅れの原因を別の理由にして、事実と違うことを言っても必ずどこかで矛盾が生じる。事実は事実として正確に伝えなければならない。

第二は、甘い予測をしないことである。整備士が修理できるかどうかわからない、と言っている故障に「30分ぐらい遅れる見込み」など甘い予測をして、それが達成されないと一気に信頼感を失う。お客様にとって最も嫌なアナウンスが、30分、1時間と徐々に待ち時間を延ばされた挙げ句、最終的には出発できなかった、というようなケースである。不明なら不明と正直に事実を伝えなければならない。

第三は、定期的なアナウンスである。気象状態やその他の理由による空港閉鎖や滑走路閉鎖は、いつ飛べるようになるかわからない。一般に乗客は15分以上、情報がなければ不安になると言われている。そこで状況が変わらなくても「変わらない」というアナウンスを定期的に行うべきである。「現在のところ滑走路は閉鎖されたままです。再開の見込みは立っておりません。新たな情報が入り次第お知らせします。次のアナウンスの予定は○○分です」のように、何も変化がないという情報も有用な情報である。

機長にとって重要なこと

機長は単なる操縦士ではない。機長はフライトというプロジェクトを成功に導くためのプロジェクトマネージャーでなければならない。

プロジェクトマネージャーとしての機長の一番重要な仕事は、自分が担当する便を飛ばせる、あるいは飛ばせないという決定である。たくさんの乗客や地上の旅客係、その他、飛行機に関わるすべての人間が、その便が飛ぶことを期待している。その中にあって、飛ばないという決断をすることは、勇気が必要である。

安全に関わる事項で定められた規則に従った場合に、その便は飛べないという決断ができるのは機長である。ただし、機長はやみくもに便を飛ばさないわけではない。飛ばないと決めた時には、機長には説明責任が生じる。

フライトを飛ぶと決めた場合、機長はフライトというプロジェクトを完成させなければならない。そのためには、燃料、時間、経路、高度という資源をどのように使うかはプロジェクトマネージャーたる機長の責任である。

もう一つの重要な役割が、チームリーダーとしての責務である。企業等でのプロジェクトと違い、フライトに参加するメンバーは毎回違う。違うメンバーの意志と認識を短時間の間に一致させ、安全なフライトの完遂という目標に各メンバーの意識と努力を集中させるのは機長の責任である。

また飛行機の操縦は、様々な条件の微細な違いで飛び方を変えなければならない。ある状況の中で正解だったことも、条件がほんの少し変化すると不正解になる。

機長はまず、この変化による操縦の変え方を頭の中にきっちりと整理しておく必要がある。次に、状況の微細な変化を読み取らなければならない。そのためには、状況は常に変化すると思い、変化の最初の兆候をつかむ努力が必要である。

自我の抹消

機長として大事なのは「自我の抹消」である。自分をよく見せたい。自分の失敗を見せないようにしたい。副操縦士は自分のことをどう思っているのか。乗客は自分のことをどう思っているのか。これらはすべて雑念である。

機長は一切のとらわれを離れ、気象状態と管制官の指示やほかの飛行機の流れ、飛行機の状態だけを考えなければならない。

人によく思われたい。他人から悪く思われたくない。これらの思いは機長にとって全く不要であるばかりか、正しい飛行機の操縦から大きく離れてしまうことになる。

同時に必要なのが、とらわれない心である。機材の故障、管制官の指示など何かに心がとらわれた瞬間から心の自由は大幅に減り、未来への対応能力が大幅に減少する。

柳生宗矩《やぎゅうむねのり》の師である沢庵《たくあん》禅師が、著書『不動智神妙録《ふどうちしんみょうろく》』の中で説いたように、どこか一つのところに偏《かたよ》った心は自由な働きを失い、その力を発揮することはできない。

機長はウサギであれ

機長は、猛々しいライオンであってはならない。機長は長い耳を持つ、臆病なウサギでなければならない。

ライオンは自分が強いと思うあまり、警戒心のレベルを下げ、危険に近づいてしまう。これと同じように、自分を優秀だと過信する機長はやがては事故を起こす。

一方、ウサギは非常に弱い生き物である。また、危険な場所には近づかない。臆病なウサギほど長い耳を持ち、常に情報の収集に努め、何か危険な兆候はないか、どこかに不安全な芽はないか、気を配っている。

また、自分から見えない部分は安全な場所ではなく、見えないところにこそ、危険が潜んでいるかもしれないと考える。

機長もウサギと同じように、常に強い警戒心を持ち、自分に不利な情報や危険の兆候を探さなければならない。情報が見えない部分は安全だろう、と推察するのではなく、見えない部分にこそ危険が潜んでいる可能性があると推察しなければならない。

人間が大空を征服したなどというのは幻想にすぎない。どんなに頑張っても人間は大自然にはかなわない。機長は飛んでよい状態と、飛べない状態を明確に見極め、飛べない状態を避けることが求められる。

第二章 よいパイロットになるために

これから書くようなことは、ほとんどの訓練生には当てはまらない。ほとんどの訓練生は意欲もあり、優秀である。これから書くような訓練生は全体の数％にも満たない。また、これから書くような欠点を持つ訓練生も大部分は指導と教育により改善される。指導しても改善されない者は、途中で訓練を中断される。これから書くような欠点を持ったまま副操縦士になれる者はいない。

タイタニック症候群

危険を示す様々な情報があるにもかかわらず、心の中でその一つ一つに何らかの理由をつけ、危険を示す情報を無視して運行を続けることをタイタニック症候群という。

沈没した客船タイタニック号の場合、氷山の位置を示す様々な通信が送られていた。それにもかかわらず船長は、「ここまで氷山が南下したことはない」とか「見張りの数を増やせばいい」というように、何らかの理由をつけて危険を知らせる情報を無視した。その結果、氷山に衝突して多くの人命が失われた。

機長は、このタイタニック症候群に陥らないようにしなければならない。危険を示す兆候が現れた場合、まずそれへの対処を考える。とくに重要なのは、危険を示す兆候が二つ以上現れた場合である。このような場合は、危険が差し迫っていると考えて様々な対処をしなければならない。

ハリーアップ症候群

何かを急いでやらなければいけないと思って慌ててやることを、ハリーアップ症候群という。このハリーアップ症候群を起こすと、チェックリストを忘れたり、肝心なスイッチ操作を忘れたりというようなことが起こりうる。機長は、副操縦士がハリーアップ症候群に陥らないようにコントロールするとともに、自分が絶対にハリーアップ症候群に陥らないようにしなければならない。機材故障や天候、前便の到着機の到着遅れなどで出発時間を過ぎてしまっているような場合、ハリーアップ症候群に陥りやすい。

この時、機長に必要なのはいい意味でのあきらめと達観である。遅れた時間を自分の許す範囲で取り戻そうとするのは正常ではあるが、無理な時間短縮をしようとし始めると、必ず何かを忘れたり、ミスを誘発する。

史上最大の航空事故であるテネリフェ島でのＫＬＭ７４７とパンナム航空７４７の衝突事故（第一章参照）も、乗務時間の制限のリミットが近づいていたためのハリーアップ症候群が、ＫＬＭ機の機長にあったのが原因の一つでは、といわれている。

ショウオフ

必要がないのにわざと難しいことをやり、「どうだ、すごいだろう」とやることをショウオフという。ショウオフをやる人間は、エアラインのパイロットには必要ない。機長は優れた技量を持っているが、その技量を発揮しなくてはいけないような場面に陥らないように努めている。判断力がよいためにあらかじめ様々な手を打って、技量を発揮しなくても普通に飛べるようにしている。どこが優れているのか、全くわからないような飛び方ができるのが、本当に優れたパイロットである。

ぎりぎりの無理なオペレーションになるのは、その前の判断力が悪いからである。たまたまうまくいったのを、さも予定していたかのように振る舞い、自分の腕はすごいだろう、とやる人間はエアラインには必要ない。まして、あえてぎりぎりなオペレーションをする人間は絶対に必要ない。ショウオフをする人間は、技量や判断力が悪いとともに、非常に強いコンプレックスを持っている人間がほとんどである。

慢心

パイロットにとって一番恐ろしいのが慢心である。自分はもうこれでよいと思った瞬間から、パイロットとしての能力は坂を転げ落ちるように落ちる。

「自分はまだまだ努力しないといけない」と思っているパイロットは、「自分はうまい」と思っているパイロットより10倍優秀である。

体調が悪い時のオペレーション

パイロットも人間であるから、体調が悪いということもありうる。体調がひどく悪い場合には、パイロットは自分から申し出て交代要員がその飛行機を操縦するようにする。

海外に出て、若干睡眠不足というように、やや体調不良であるが、飛べないほどではないというような時がある。

体調が悪い時、パイロットはオペレーションを縮小する。縮小するということは、複雑なことはしないということである。

着陸前にギリギリの位置でフラップを下ろせば飛行機の抵抗を小さくすることができ、燃料消費や騒音を抑えることができる。ところが、ギリギリの位置でフラップを下ろすためには、頭の中で複雑な計算を繰り返さなければならない。体調が悪い時に、頭の中でこうした複雑な計算を繰り返すと脳が疲労し、肝心な時に大事なことを忘れたり、判断を誤ったりすることがある。

そこで体調が悪い時には余裕を持って、かなり前からフラップを出し始め、頭の中で複雑な計算をしなくて済むようにする。燃料の消費は増え、騒音の区域も若干広がるが、フライトの安全レベルを下げないことのほうが重要である。また、このような場合には着陸前にフラップを出す、ギアを出すなどの基本的に絶対しなければいけないことだけに注意を集中する。そうすることによって安全を担保している。

体調と同じように、心に引っかかるものがある時は、同じように注意しなければならない。パイロットの世界で昔から言われているのが「親の死に目と、子供が病気の時は操縦桿を握ってはならない」ということである。自分ではどんなにしっかりしているつもりでも、心が引っ張られ正常な判断ができなくなっている危険性がある。

私も父親が危篤という知らせを受けた後、本人は至って冷静なつもりだったのだが、自動車の運転中に赤信号を見落としそうになったことがある。その時は家内の「赤、止まって」

の言葉で救われたのだが、これが飛行機だったらと思うとぞっとする。

心に引っかかるものがある時は、車や飛行機だけでなく、重大な決断や判断は下さないほうがよい。本人はいくらしっかりしているつもりでも、正常な判断ができなくなっている可能性が高い。

ルックバック

飛行機のオペレーションは、やらなければいけないことがたくさん存在する。とくに出発前は、管制官からの飛行経路の承認、離着陸重量や重心位置を示したウェイトアンドバランスの受領と確認、さらには値のFMS《エフエムエス》（フライト・マネジメント・システム）への正しい入力、様々なチェックリスト、客室乗務員からの搭乗者数の報告、とたくさんのことが順不同で進行する。パイロットはこの中の一つでも行わないで飛行機を出発させるわけにはいかない。

そこでパイロットは、いま終わっているのは何、残っているのは何ということを頻繁に振り返って確認する。この確認操作のことをルックバックと呼ぶ。

ルックバックの具体例を挙げると、出発前に「飛行経路の承認はもらった。ウェイトアンドバランスは受領した。いま待っているのは客室乗務員からの報告である」というように、現在終わっていること、現在残っていることを状況の変化に合わせて、機長と副操縦士でお互いに声に出して確認している。

ルックバックは日常運航だけではなく、様々な緊急事態の時にも行われる。とくに、洋上の陸からかなり離れたところで起こった故障や異常事態に対しては、パイロットは現在の状態の確認、これからやらなければいけないことを誰がいつ行なうか、もし、事態が悪くなったらどうするか、などを何回も話し合う。

このようにしておけば、事態がより悪化した時に、直ちに正しく対処できるようになる。

一面からものを見ない

機長はすべての面からものを考えなければならない。ある一面からだけ見て、決断したり行動したりすることは許されない。

ある高度を飛んでいて揺れた場合、副操縦士が「より低い高度に降下したい」と言ったとする。この時、機長は「燃料はどうなる?」「時間はどうなる?」と質問する。高度を下げると、大気中の空気の密度が高まる。そうなると空気抵抗が増して同じ距離を飛行するのにより燃料を消費することになる。これが国内線のように短い区間だったら、増加量も大したことはない。

ところが日本からロンドンやパリ、ニューヨークに飛ぶような長距離を飛行する場合、高度を下げたことによる燃料消費は膨大なものになる。不用意に高度を下げると目的地までの燃料が足りなくなることもありえる。

正しい方法は、高度を変える前にその時の燃料がフライトプランに対してどれぐらい余っているのか、あるいは足りないのかを考え、それと高度を下げたことによる燃料の増加を考えて、高度を変えても大丈夫なのかを確認してから高度の変更を管制官に要求するべきである。

飛行機の製造会社が作ったマニュアルに定める方法を、個人的にこの方が理にかなっているからと、勝手に変えることは望ましくない。個人の思いつきは一面からしか考えておらず、どこかに大きな見落としがある可能性も否定できない。飛行機の製造会社は、全世界のエアラインから様々な事故情報や不具合情報を集め、それに基づいてマニュアルに定めたプロセジャーを改訂している。

個人や一エアラインの経験がそれよりはるかに劣るのは言うまでもない。

とくに教官はマニュアルと違うことを訓練生に指導してはいけないし、訓練生の前でやってはならない。いかにそれが理にかなったと思われるやり方であっても、訓練生にマニュアルを無視してよいという考え方を植え付ける方がはるかに危険である。

一点集中型は向かない

世間では、一つのことに集中することは必ずしも悪いことではない。ところがパイロットに限っていうと、何か一つのことに集中するのは大変に悪いことになってしまう。パイロットが速度にだけ注目して、高度のことを全く気にしなければ地面に衝突してしまう。

ではどうやっているかというと、パイロットは次々にいろいろなことに意識を移している。高度をチェックしたら次は速度をチェックし、その後は飛ぶコースからのずれというように、非常に短い時間で意識を次々に移していく必要がある。パイロットは常に一つのことに意識を集中させないように、何かに心を留めないようにしなければならない。

過緊張

緊張しすぎる傾向があると、飛行機の操縦はうまくいかない。緊張しすぎる訓練生に対しては、まず緊張しなくていいことを伝える。そのほかフライトの前や飛行機への行き帰りに、なるべく相手が知っていることやYES、NOで答えられない質問をして、相手と話をするようにする。緊張する原因の一つは、仕事に対して過度にきちんとやらなければいけないという思いである。もう一つの原因が、一緒に飛ぶ機長に対して慣れていない状態である。私は、訓練生といろいろな話をして、少なくとも一緒に飛ぶ機長に対する緊張感だけは和らげるようにしている。

さらに、訓練生の行動で少しでもよいところがあればそれを褒めるようにしている。それもフライトが終わってからまとめて褒めるのではなく、訓練生が少しでも上手にできるか、昨日までできなかったことができるようになったら、すかさず褒めるようにしている。こうすることで緊張を取り除き、自信をつけると同時に、よい行動を繰り返す動機付けを行なっている。

焦る

完璧主義の人ほど焦《あせ》る傾向がある。完璧でなければならない時に自分ができない、あるいはわからないことが起こると焦り始める。焦っている状態は、考えが空転しているだけで何ら有効な解決策を生み出さない。そればかりか、苦し紛れにとんでもないことをしてしまう可能性がある。冷静に考えれば絶対に行わないような失敗をする可能性がある。

焦っている訓練生には、まず焦る必要が全くないことを教える。ゆっくりと話し、相手を落ち着かせる。それと同時に、大きく深呼吸をさせる。

優先順位がバラバラ

AとBどちらが優先するかという問題をすべてにわたって教えることは不可能である。仕事の組合せの数は、星の数ほどある。そこで、優先順位が間違っている訓練生にはまず原理原則（第一章参照）を教える。細かな項目をすべて覚えることは不可能であるが、少ない数の原理原則を覚えて、それを当てはめることは比較的簡単である。

エンジン故障などの緊急事態を除いて、優先順位の原則は「内部より外部が優先する」「外部のことでも相手と交渉できないことが優先する」。飛行機にとっての外部とは気象と管制である。さらに管制官とは交渉の余地があるが、気象には交渉の余地はない。

そこで、一番対処すべきなのは気象状態ということになる。現代の飛行機はそのフライトを管制官の指示のもとに行なっている。航路一つ、高度一つ変えるのにも管制官の許可が必要である。

避けなければいけない気象状態が前方にある場合、直ちに管制官に方向や高度などを変えることを要求する。

二番目に優先順位が高いのが、やはり外部である管制官からの指示に従うことである。

それから後に内部の機器の操作がくる。

つまり通常のフライトでは、①気象、②管制、③内部の操作の順番になる。優先順位の低い操作をしている時に優先順位の高い事項が起きてくれば、優先順位の低い作業を中断して、高い作業を先にしなければならない。

自分の頭で考えていない

自分の頭で考えていない訓練生の特徴は、何かをする時の「根拠」である。ある操作をした、あるいはしなかった時の根拠を聞くと、「誰々に教わりました」とか「先輩が言っていました」とか、人に答えが行き着く。先輩や教官からの学びは重要ではあるが、教官や先輩が間違っているかもしれない。また、一つ一つの操作には必ず条件がつく、ある条件下では望ましいオペレーションが、別の条件下では絶対にやってはいけないオペレーションにもなりえる。

そのため、様々な方法を教えてもらったら「なぜ」を確認するか、あるいは自分が調べて納得できるようにしておかなければならない。

自分の頭で考えていない訓練生には、まず上記のことを話したうえで「根拠は」と聞くことにしている。といっても最初のうちは当然、根拠の答えは返ってこない。そこで一つ一つのオペレーションごとになぜそうするのか、なぜしてはいけないのかを説明しながら行う。これを繰り返すことにより、根拠と自分の頭で考えることの重要性を認識するようになる。

時間管理ができない——省略する技術

飛行機は時間を売る乗り物である。ほかの交通機関で行けば大幅に時間がかかるところを短時間で行けるところが、お客様が飛行機を選択する第一の理由である。

時間を売り物にしている以上、定時に目的地に到着することが重要である。

パイロットは決められた時間内に自分のフライトの準備を終わらせなければならない。ところが訓練生の多くが、時間という観念が不足している。ディスパッチルームでの準備やブリーフィングに時間をかけすぎ、さらにフライトの準備に手間取れば、飛行機は定刻に出発することができなくなる。

ディスパッチルームでのブリーフィング時間を短縮する一番の要素は、省略する技術である。天気が良く、晴れた昼のフライトで「誘導路のライトのどれが故障や整備で点灯していないか」を細々と説明しても、天気がよい昼間はどのみち点灯されないので、全く意味がない。

必要がないところを大胆に省略し、必要なところだけに集中するのが時間短縮には必要である。また訓練生のフライト準備は、副操縦士が行う場合よりも時間がかかる。訓練生はこのことを認識し、コックピットに来て初めてどうするのかを考えるのではなく、あらかじめ準備、練習してこなければならない。

パイロットは常に「出発まであと何分」というように、逆算しながら時間を管理している。この残り時間が標準より短くなればなるほど、様々な対策を立てなければならない。たとえば、時間が不足している時の客室乗務員とのブリーフィングでは、一日に連続して3便飛ぶ時でも、とりあえず最初の1便の情報を伝えるだけにすると時間が短縮できる。さらに時間が不足している場合には、直接お互いに顔を合わせて自己紹介をするのではなく、PAシステムという機内放送を使って、一方的に最低限の情報だけを伝達することもある。

時間管理ができていない訓練生に対しては、そもそも飛行機が時間を売り物にしている乗り物であることを伝え、すべてを出発時間、あるいは到着時間から逆算して組み立てることを教えている。またフライトの準備に時間がかかりすぎる人間には、すべてをこなすことが重要なのではなく、省けるところを省く省略の技術の重要性を教えている。

練習の方法が悪い

多くの訓練生は実際にフライトをする前に、何回もフライトの練習を行なう。ところがこの練習の方法が悪い者が見られる。練習する時に何も障害がない理想的な状態しか練習しない訓練生は、実際のフライトでは対応できない。

実際のフライトでは「高度を下げたい時に、ほかの飛行機が近くの下方を飛んでいて降下の許可が得られない」というように、自分にとって障害となるような事態が連続する。理想的な状態の練習ばかりしていると、このような状態に対処できない。

練習は様々な障害を想定し、その障害にどう対処するのかを考えながら練習しなければならないことを指導する。

機長にへつらう

副操縦士はれっきとした職業である。副操縦士は機長の見習いでもないし、機長の言うとおりに動くロボットでもない。

副操縦士は安全のためには違うと思ったら、機長にきちんとそのことを伝えられなければならない。

副操縦士になろうとしている訓練生の中には、とにかく機長に気に入られようと、絶対に機長と違う意見は言わない、機長の意向を察することばかりに注意をはらい、何が正しいかではなく、機長が何を考えているかを窺《うかが》い、ひたすら機長に従おうとする訓練生がいる。

このような訓練生は危険である。このような訓練生を副操縦士にしてしまうと、副操縦士が機長の誤りを指摘するということが全くできなくなってしまう。そうなれば機長が間違えば、事故になる危険性が出てくる。

このタイプの訓練生には、機長はわざと間違ったことを言ってみる。そして、訓練生がその間違いを指摘しないことを厳しく指導するようにしている。へつらう訓練生は自分を良く評価してほしい、叱られたくないという気持ちが強い。間違いを指摘しないと非常に厳しく叱られるということがわかれば、改善される可能性が高い。

自分の意見を言わない

機長にへつらうわけではないが、自分の意見を全く言わない訓練生がいる。これも間違うことを極端に恐れる、現代の若者の特徴の一つである。何か言ってそれが間違っていると指摘されると自分の存在が全否定されたように思っている。そのため、極端に自分の意見を言わない。自分の意見を言いさえしなければそれが間違いだと指摘されることもないし、自分の心も傷つかない、と思っているようである。

また、意見を表明するためには、それなりの根拠が必要であり、その根拠を示すためには様々な勉強が必要である。意見を表明することを恐れる訓練生は、その勉強部分をさぼっている者も多い。十分な勉強はしていないけれども、評価だけは欲しいという者は、本質的にパイロットに向いていない。

現代の旅客機は、プロの機長とプロの副操縦士が乗って初めて安全に飛ぶことができる。ある事象について、機長と副操縦士の各々が違った立場で意見を表明することで、初めてお互いの間に話し合いが生じ、その話し合いの結果、お互いの認識が共通となる。

副操縦士が意見を表明しなければ話し合いが生ぜず、機長の意見がチェックされることがない。意見を表明しない訓練生や副操縦士は、その役割を果たしていないことになる。このような訓練生や副操縦士はコックピットの中にいてはならない。

自分の意見を言わない訓練生には、教官の方から「これはどう思う」「これはどうする」と積極的に意見を言わせるように努める。さらに、意見を表明できない者はパイロットとしては不必要だということを伝える。

一人で勉強するのは駄目

生まれて初めてのことをやるのであるから、誰もが最初はうまくいかないのは当たり前である。大事なのはたくさんの失敗の事例を集めて失敗する方法を探し出し、失敗する方法を避けることである。

自分一人で勉強できることはたかが知れているし、さらに経験できることは限られている。

これをクラス全員で話し合えば、その分だけ経験値が増す。

全員が集まって、自分の失敗談を平気で話し合い、うまくやる方法をお互いに共有できるクラスは、全員が副操縦士になることができる。

これに対して、一人一人がばらばらに勉強するクラスでは、知識や経験が限られるために全員のレベルが上がらない。また落伍者が出る確率もかなり高くなる。

一人で勉強をするという者は、単に自分一人の勉強が好きだという以前に人間関係で問題があることが多い。同期の中で身勝手な振る舞いをしたために、ほかの訓練生から浮いてしまった状態になっている場合も多い。このような場合、まず人間関係を修復させることから始めなければ、いくら一緒に勉強するように言っても無駄である。

第三章

副操縦士のマネジメント

副操縦士の役割とは何か

企業では、新入社員は上司の指示に従うことを求められ、意見を求められることは少ない。ところがパイロットの世界では、単に機長の言われたとおりにしか動けない副操縦士は不要とされている。

副操縦士は機長の見習いでもなければ、機長に言われたとおり動くロボットでもない。れっきとしたプロである。現代の飛行機は非常に高度化している。プロの機長とプロの副操縦士が乗って初めてうまく飛ばすことができる。副操縦士を機長見習いと思っている人間は、時代錯誤の古い人間である。

副操縦士の、一番重要な役割は機長に言われたとおりの操作をすることではない。副操縦士の最大の役割は、フライトのモニターである。機長も人間である以上、間違うこともありえるし、何かの情報に気づいていないこともありうる。

副操縦士の最大の仕事は、何か不安全な要素の芽がないか、常時監視し、また機長のオペレーションを監視することである。もし機長が何かに気づいていなかったり、何かを勘違いしたり、定められた基準や飛び方から少しでもずれたら、直ちにそれを口に出すことが求められる。
そのためには、単にコックピットに座って、機長の指示を待つのではなく、機長とは別に自分で飛行機を飛ばしているつもりになって、何か異常なことはないか、自分ならどう操縦するかを考え続けなければならない。実際に飛行機を飛ばしているのは機長であるとしても、副操縦士が自分の頭の中で機長と別個に飛んでいるからこそ、その相違点を見つけてアドバイスすることができる。そのためには副操縦士にも気象や管制に対する十分な知識と、判断力が要求される。

機長の行なっている飛ばし方と、自分の考えた飛ばし方とが、同じうちは口に出す必要はないが、もし違った場合、直ちに口に出す必要がある。そろそろ降下しないと目的の空港に着陸できなくなると思ったら、機長にそのことを言う。前方に雲があり避けなければ揺れると思えばそのことを機長に言うという具合に、あくまで副操縦士自身が自分で飛んでいるつもりで様々なことを考えられなければ、適切なアドバイスはできない。

機長の操縦が少しでもおかしい、あるいは安全に関わると思った場合は直ちに、不明確な表現ではなく、明確な表現で機長の注意喚起を行うことである。ただおとなしく機長の横に座り、言われたことだけをやっているような副操縦士はエアラインには不要である。

機長レベルかどうかの判断

人間は神様ではない。たとえグレート・キャプテンと言われるようになったキャプテンでも間違いは起こしうる。そのような時に、積極的にアドバイスを行い、もし1回でも事故が防げたら、副操縦士としての責務を十二分に果たしていると言える。

パイロットの世界では、ある副操縦士を機長にしてよいかどうかについて、昔から言われている簡単な判断基準がある。

それは「その副操縦士が機長になったとして、彼が操縦する飛行機に自分の子供や妻や恋人、あるいは両親などを安心して乗せられるかどうか」である。

パイロットも人間であるので、情けもあるし、まして一生懸命やっている副操縦士に対して「君は機長にはなれない」と宣告するのはつらいものがある。

それと同時に、間違っても資質のない副操縦士を機長にすることは許されない。一人の機長の判断や操作が間違えば、大勢の人の命が危険にさらされる。

副操縦士が学ぶべきこと

副操縦士が機長になるためには、訓練生が副操縦士になる時に必要とされたことがすべてできるのと同時に、さらに以下のようなことを学ばなければならない。

機長は意識の中から自我を抹消しなければならない。

機長は自分の感情や心理状態をコントロールできなければならない。

季節、時間、乗客数、どのような乗客が多いのかを考えフライトごとのテーマを考える。

もちろん安全が最優先するのは言うまでもないが、二番目に時間を重視するのか、快適性を重視するのか、燃料の消費量を重視するのかを決めなければならない。

テーマに沿った、経路、高度、燃料、サービスの選定。これらについてはテーマに基づいて選定しなければならない。ビジネス路線で時間を最重視しなければならない路線では、最短時間となる経路、高度、その経路や高度を飛ぶのに必要な燃料の算出が重要である。またサービスの内容もそれに合わせて変える必要がある。

時間を最優先とした結果、揺れる高度を飛行する場合には、飲み物サービスの中止、あるいはやけど防止のために冷たい飲み物のみとするなどが必要となりえる。飲み物サービスができない可能性や途中で中断する可能性がある場合には、乗客の搭乗前にその情報を伝えておかなければならない。

機長は気象の変化や、管制の混み具合などを正確に予想できなければならない。正確に予想したうえで、最悪の事態を予測し、その最悪の事態でも十分に安全に飛べるような方策を取った後にフライトしなければならない。

機長はほかの乗員が何でも話せる雰囲気を作らなければならない。それと同時に緩やかな権威勾配を作らなければならない。

機長は副操縦士からアドバイスがあった場合はそれを自分で解釈するのではなく、本当は何を言いたいのかを確実に聞き出さなければならず、さらに言われたことを真剣に検証しなければならない。

機長は副操縦士にアドバイスをされたら、第一声は必ず「ありがとう」でなければならない。また、副操縦士のアドバイスがたとえ間違っていても叱ってはならない。

機長は全員をチームとして機能できるようにしなければならない。そのためには様々なテクニックが必要となる。

機長は計画段階では悲観的に、実行段階では楽観的に振る舞わなければならない（計画段階では最悪を想定して、その状況でも十分な量の燃料を積まなければならない。実行段階ではほかの乗員に不安を与えないような言動をしなければならない）。

機長は、見えない情報はすべて自分にとって最も不利な状況になると予想しなければならない。

明確なコミュニケーションを行うのは機長の責任である。主語、述語を明確にして相手がわかるような形で伝えなければならない。コミュニケーションは自分が何を言ったかではなく、相手の脳に何を想起したかが重要である。自分の言ったことが正しく理解されたかどうかを確認するのは機長の責任である。

副操縦士や客室乗務員などほかの人間があいまいなコミュニケーションを取ろうとした時に正しいコミュニケーションの方法を教えて、やり直させるのは機長の責任である。

機長は状況の変化に応じた飛び方をしなければならない。そのためには、常に事態の微細な変化に着目しなければならない。

適切なワークロードにするのは機長の責任である。機長は副操縦士や客室乗務員のワークロードを考え、オーダーした一つの仕事が終わったことを確認して、次の仕事をオーダーしなければならない。後からの仕事の方を優先すべき場合、最初の仕事をキャンセルして、それから次の仕事をオーダーしなければならない。

機長は通常でないことが起こった場合、直ちにタスクの分担を明確化し、誰が操縦と管制官との通信を行うのかを明確にしなければならない。

意思決定を行うのはあくまで機長であるが、機長は意思決定を行う前に、ほかの乗員が持っている知識や懸念していること、意見や考えなどを十分に汲み出さなければならない。また自分がこれから取ろうとしている決定について、自分で何らかの欠点、不都合がないか確認し、さらにはほかの乗員やディスパッチャーなどに欠点や不具合点を探してもらって検証しなければならない。

機長はあらかじめ想定される事象について、何段階もの対応手段を持っていなければならない。

機長は、単にマニュアルや規定類を勉強するだけでなく、過去の様々な事例を研究し、そこからこの事例ではどの原理原則に反したから危険な状態になったのかを導き出さなければならない。

機長は様々な警報装置が作動したらそれを誤報と疑うことなく直ちに対処しなければならない。

機長はいったんダイバートの意思決定をしたら、それを覆《くつがえ》してはならない。

機長は副操縦士を育てなければならない。

機長は何かを判断した場合、どの情報のどのような変化に基づいてどう判断したかを副操縦士に説明しなければならない。

機長は、「なぜ」を説明しなければならない。

機長は自分が勉強し続ける姿を副操縦士に見せ続けなければならない。

機長は、副操縦士の経歴や趣味を知り、相手に理解されやすい形で説明しなければならない。そのために様々な分野でたとえ話ができるだけの知識がなければならない。

アシストとテイクオーバー——副操縦士の操縦を替わる

副操縦士に操縦をさせる場合には、教官は直ちにいつでもテイクオーバーできる態勢を取らなければならない。テイクオーバーとは、副操縦士の操縦を止めさせ機長自らが操縦することをいう。

このテイクオーバーと似ていながら若干違うものに、アシストというものがある。アシストとは、副操縦士の操縦が若干足りない場合に機長がそのコントロールを補う意味で操縦をすることである。一般に、機長はなるべくギリギリまで副操縦士に操縦させたいと思う。ただし、そうするとテイクオーバーのタイミングが遅れることになり、機長ですら立て直すのが難しくなる。このため、着陸時に非常に激しい衝撃を伴うようなひどい着陸になることがありえる。テイクオーバーは早めに行うことが重要である。

タスクの優先順位付けとタスク配分

フライト中にはじつにたくさんの仕事がある。副操縦士は機長の指示にしたがって仕事をするのであるが、副操縦士の一つの仕事が終わらないうちに次の新しい指示を出すと、副操縦士はどちらをやればよいのか混乱する。

前にも述べたが、副操縦士が常に適切に仕事ができるように、ちょうどよいタイミングで指示を出すのは機長の責任である。副操縦士が一つの指示をやり終えてから、初めて次の指示を出す。

もし副操縦士が何かの仕事をしている最中に、それより優先順位の高い仕事を行わなければいけなくなった場合、機長はまず前の指示をいったんキャンセルする。その後で新たに必要となった仕事を指示する。

タスクの優先順位をつけて、的確に指示を出すのも重要であるが、誰が何をやるのかのタスク配分も機長の重要な仕事である。

機長と副操縦士が同じことに関わってはいけない。操縦中はどちらか一人は操縦に集中しなければならない。チェックリストを読み上げたり、客室乗務員と連絡したり、会社と無線で連絡したりする仕事は、操縦をしていない者が行う。

機長は、誰が操縦しているのか、誰が管制官との交信を受け持っているのかを明確に指示しなければならない。

「部分情報問題」と「完全情報問題」

部分情報問題とは聞き慣れない言葉であるが、人工知能の研究を行う時に使われる言葉である。

部分情報問題とは、ある問題を解くのに、必要な情報の一部が与えられない問題をいう。

この反対が、完全情報問題である。

完全情報問題とは、ある問題を解くのに、必要な情報がすべて与えられている問題をいう。

世の中の問題のほとんど、仕事のほとんどが部分情報問題である。完全情報問題は、数学の問題や、将棋や囲碁など相手のすべての手が丸見えになっているゲームなどのごく限られた場合にしかない。

副操縦士になったばかりの時には、部分情報問題を完全情報問題に近づけようと努力していた時期があった。ところが最終的にこれは不可能だということがわかった。どんなに勉強しても、12時間後のロンドンの天気を正確に予測することは不可能である。まして、自分の着陸する直前の飛行機が滑走路上でバードストライク（鳥と衝突すること）を起こして、滑走路がしばらく閉鎖される、などということを予測するのは、絶対に不可能である。

未来が１００％わかる水晶玉を持ったパイロットは一人もいない。

部分情報問題では、問題を解くのに必要な情報の一部が与えられていないのであるから、そのままでは問題を解くことができない。でも人間は、部分情報問題である日常の仕事をきちんとこなしている。

部分情報問題を解く秘密が、類推や常識、過去の経験である。足りない情報、見えない情報を、過去の経験から多分こうであろう、と補って仕事をしている。ほとんどの場合、この補った情報で仕事はうまくいく。

ところが、たまたまこの類推した情報が、事実と違うことがある。類推した情報が事実と違って事故になった場合、思い込みといって非難される。その一方で、じつは日常業務のほとんどが、類推によって足りない情報を補っているからこそ、実行できているという事実は忘れ去られている。

「思い込み」は、じつは人間が日常行動を取る時に当たり前のように使っている、足りない情報の類推が、たまたま悪い方に出たことを指しているのに過ぎない。「絶対に思い込みをするな」というのは、「すべての情報を完全に正しく調べてからでなければ行動するな」と言っているのに等しく、不可能である。ここに部分情報問題のジレンマがある。

2001年8月23日、エア・トランザット航空236便は、カナダのトロントからポルトガルのリスボンに向かって飛行していた。エアバスA330という双発機である。フライト中に「左右の燃料タンクの燃料量」が違うという表示が出た。パイロットは、当初は計器の誤作動を疑い、原因究明に力をそそいだのであるが、やがてこのままでは燃料が不足して大西洋を横断できないと、大西洋の途中にある空軍基地にダイバートすることを決めた。このダイバートの途中で、2台あるエンジンが2台とも燃料切れで停止した。たまたまエンジン停止のまま滑空して、うまく空軍基地までたどり着くことができた。この時は、非常にラッキーなことがいくつも重なり、大事故にならなくて済んだ。一歩間違えば、大西洋に不時着水しなければならなかったかもしれないし、大事故になっていたかもしれない。

事故の原因は、使っていたロールスロイス社製のエンジンの配管の位置が間違っていたことにあった。エンジンを交換した時に、配管もセットで交換しなければいけなかったのであるが、整備士がそのことに気づかず、エンジンだけを交換した。そのために、燃料パイプが油圧の配管とこすれて亀裂ができ、そこから燃料が漏れたために起こった事故であった。

パイロットが、エンジンの製造年月日から配管の間違いがわかるとは思えない。まして、交換の時に間違ってエンジンだけを交換して、セットで交換しなければいけない配管が交換されなかった、などということを知るはずもない。空中で燃料パイプに亀裂が入ってそこから燃料が漏れていることを、そのまま警告するシステムもない。

パイロットに示されるのは左右の燃料タンクの残燃料と、それが左右で違うという警報のみである。この情報から、実際に起きていることを類推するしか方法はない。ここに部分情報問題の難しさがある。

辻褄の合わないことを見つける

部分情報問題を解決する、完璧な答えはない。でも、部分情報問題に対して、安全を保つために役に立つ方法がいくつかある。

一番目は、「何となく」の違和感である。

自分が想定していることと事実が違う場合には、必ず何かおかしなこと、辻褄の合わないことが起こってくる。この辻褄の合わないことを、気のせいだとか、大したことはないと片付けるのではなく、辻褄の合わないことが一つでも起こってきたら、自分の想定がどこか間違っていると考えて、改めてほかの情報を探すことが重要である。

まして、辻褄の合わないことが二つ同時に起こったら、この場合は、危険を示す赤ランプが点灯している。いったんオペレーションを中止して、もう一度事実を確かめたほうが安全である。

二番目は、わからない情報、欠落している情報は、自分にとって都合が悪いほうに想定することである。わからない情報は、最悪を想定しておけば万が一の時でもとっさに対処できるはずである。

三番目が余裕を作ることである。余裕を作る最も簡単な方法は、速度を遅くすることである。怪しくなった時ほど、速度を遅くすれば余裕が生まれる。地上にいる場合は、停止してしまえば危険度は大幅に減少する。ただし飛行機は速度を遅くしすぎると失速する。むやみに速度を下げるわけにはいかない。

飛行機の場合、もう一つの余裕は燃料の搭載量である。許される範囲の中で、燃料が多いほど、より長く待つことができたり、より遠くの空港まで飛べたりと、事態の変化に対処する余裕が生まれる。

四番目、最も重要な点がミッションクリティカル・ポイントで、どう考えながら作業をするか、という点である。

判断、行動には、その時の判断、行動が生死を分けるような重大な点、ミッションクリティカル・ポイントがある。このミッションクリティカル・ポイントにおける判断と行動が最も重要である。

飛行機では、進入方式ごとに、滑走路が見えなければ、着陸を止めて再び上昇しなければならない高度が決められている。

人間はどうしても、それまでの行動を継続しがちである。着陸しようとしている時に、滑走路が見えなかったからといって、急に着陸復行（ゴーアラウンド）に気持ちを切り替えるのは大変である。そこでこのような場合、「見えなかったら着陸復行」と中止の判断と手順を考えながら、進入操作を続けることで、確実に進入をやめて上昇することができる。

自分がやっていることを「いつでも中止する」「安全サイドに待避する」と思いながら行動することによって、安全性を担保することができる。

いまやるか、後でやるか

副操縦士は何かを操作しようとする時に、いま行なったほうがいいのか、それともタイミングを遅らせたほうがいいのか、悩むことがある。やったほうがいいのか、やらないほうがいいのか、悩んだ場合には実行するほうが望ましい。悩むということは、やるために必要な条件がそろっているということである。それならば、やらないよりも先にやったほうがより余裕を持つことができる。

操縦

機長の操縦と副操縦士の操縦には大きな違いがある。副操縦士の操縦もすべての規定を守り、安全には全く問題はない。一番違うのは、読みの部分である。

飛行機は空気の中を飛んでいる。空気は風の方向や強さが変わり、上昇気流、下降気流が存在する。当然、飛行機はこの影響を受ける。機長は空気の流れの変化に合わせて、操縦桿を動かし、エンジンの推力を変える。

副操縦士の場合、風が変わって、流されてからそれを修正するように操縦する。風は徐々に変化するわけではない。ある高度、それもかなり低空で急激に変わる場合が多い。機長はその時の気象状態や様々な情報から、どの高度で風がどのように変化するかを予測し、風の変化を待っている。変化の兆しが見えた瞬間に、変化に対処する。結果として機体が流される前に修正する。副操縦士が操縦すると操縦桿がばたばた動くが、機長が操縦すると操縦桿が動かないように見えながら、機体は正しいコースを飛び続ける。

機長になれない副操縦士

残念ながら、いくつになっても機長になれない副操縦士も存在する。副操縦士も立派な一つの職業であるからそれはそれでよいのかもしれないが、本人にとっても会社にとっても損失であることは変わりない。

機長になれない理由にはいくつかのパターンがあるが、その一つが、理由をつけて自分が変わらないことである。機長になるためには考え方、哲学、知識、技量すべてにわたって機長としてのレベルが要求される。それまでの副操縦士から大きく脱皮することが求められる。

それなのに、教官のせいにしたり、訓練のせいにしたりと、うまくいかない原因を自分以外の周りの責任にして自分は変わろうとしない人間は、絶対に機長になれない。

「隣の人間がどう思っているか」ばかりを考える

隣の教官やチェッカーがどう考えているかばかり気にしている副操縦士も、機長にはなれない。気象や管制などの外界の条件と、速度、高度、方向という飛行機の諸元《しょげん》さらには各種のシステムの作動状況など、パイロットが注意を払わなければいけないものは無数にある。自分の隣に座っている人間がどう思うかなどということを考えながらうまく飛べるほど飛行機は単純なものではない。

また、隣の人間を気にする副操縦士はどうしても、誰々はこのオペレーションが好きだとか、このオペレーションが嫌いだとかすべてのことを人に結びつけて判断しようとする傾向が出てくる。本当に考えるべきは、人ではなく様々な条件である。この気象状態の時にはこう飛ぶ、管制官にこう指示されたらこう飛ぶというように、人にではなく条件と飛び方の対応を学ばなければならない。これができない副操縦士は何年たっても機長になることはできない。

副操縦士から機長へ

副操縦士として十分な経験を積み、飛行時間も十分になってくると、機長昇格のための訓練が近づいてくる。飛行時間が3000時間以上になり、その他の要件も満たすと、大型旅客機で乗客を乗せて飛ぶのに必要な定期運送用操縦士の国家試験を受験する資格が生じる。ただし資格が生じたからといってすぐに受験させてもらえるわけではない。時間が来て資格が生じた副操縦士を、上司の機長がチェックして十分レベルに達していると判断された副操縦士だけが、試験に臨むことができる。

十分レベルに達したと判断された副操縦士は、まず筆記試験を受ける。これは機長としての様々な知識があるかどうか確認するための試験である。

この筆記試験に合格した者に対して、シミュレータの訓練が行われる。左席の機長席に座り、エンジン故障、1エンジン不作動での着陸、1エンジン不作動でのゴーアラウンド、電気系統の火災、緊急降下、低視程下での着陸、雪氷滑走路への着陸など様々な気象、故障に対応して飛行機を安全に飛ばす訓練が行われる。

訓練の成績が良好となって、初めて定期運送用操縦士の国家試験を受験することができる。この時は国土交通省から試験官が来て、定められた方式で飛行機を安全に飛ばすことができることをチェックする。

この試験に合格して、定期運送用操縦士のライセンスがもらえる。

ライセンスをもらえば終わりではなく、ライセンスをもらうことで初めて機長の訓練が始まる。

ライセンスをもらったことにより、法律的には何ら問題なく、機長席である左席で操縦できる資格が生じる。副操縦士は左席に座り、特別な資格を持った機長が右席に座っての訓練が開始される。

技量的には、国家資格も持ち、十分に訓練を積んでいるので、訓練の主眼は操縦操作そのものよりも、考え方、思想、哲学に置かれる。いくらよい操縦技術を持っていても、平気で危ないことをするようでは、安心して機長にすることはできない。

副操縦士も何年も飛んでいると、技量はかなり上がってくる。また経験も随分と積む。それでも副操縦士と機長の間には大きな飛躍がある。

では、何が副操縦士と機長を分けるのか？　一番大きな違いが、責任の自覚と哲学の部分である。安全を支えるのは技量ではなく考え方であり、思想、哲学である。

機長を作り出すためには、まずこの考え方、思想、哲学を教えなければならない。

機長訓練の目的は、新しく機長になる者が、安全で効率的な自分の飛び方を確立できるようにすることである。それも誰かに言われたからやるのではなく、様々な規則や性能、気象解析などを根拠として、正しい知識の裏付けがある、自分なりの飛び方が確立できるようにすることである。

第四章

どうすれば訓練生が育つのか

根源の本質

副操縦士になるための訓練を受けているのが訓練生である。訓練生を見る時に一番重視しているのが、その訓練生の根源の本質である。一つ一つの細かなやり方を見ていても、全体への指針にはならない。それよりも、過度に緊張するとか、難しい状況に陥ると焦るだとか、同時にいくつものことをやろうとしすぎる、隣の教官がどう思っているかを気にしすぎるなど、その訓練生が持っている根源の本質の問題に着目して、その部分を直すように指導したほうが、はるかにいい結果が得られる。

根源を見つけ出すためには、訓練生の一つ一つの失敗だけにとらわれてはいけない。訓練生がする失敗全体を眺めて、どういう状況の時に失敗しやすいのか、いつ失敗しやすいのかを分析する必要がある。その中から特定の時期に失敗しやすいとか、いくつもの仕事が重なると失敗しやすいとか、だんだんと特性が見えてくる。

次に、その見えてきた特性はなぜ出てくるのかという根源を考えなければならない。

私も最初は、一つ一つの技量や判断の悪いところを見つけそれを是正するような教育をしていた。ところがこの方法では、いつまでたっても進歩がないことに気づいた。ある部分を直すと、確かにその部分は直るのだが、まるでモグラたたきのように別の部分に問題ができる。いつまでたってもイタチごっこであり、なかなか上達しない。

そのうちに気づいたのが、「間違いやうまくいかない原因のほとんどが根源的部分に問題があり、現実にやる失敗は、その根源から派生的に出てくるにすぎない」ということである。根源を直さない限り、無限の個々の事象を直し続けるわけにはいかない。

これはまた、根源を直せば、派生的に起きている様々な不具合が一挙に解消されるということを意味している。

教官は訓練生の傾向により、その教え方を変えなければならない。どの訓練生に対しても同じ方法で訓練することは、教官の怠慢であり無駄である。教官は訓練生の個々の失敗を矯正するのではなく、全体的な傾向をつかみ、根源から直す方法を教えなければならない。

機長が教えること

具体的な目標を持ってなされた教育と、目標を持たずになされた教育の間には非常に大きな差が生じる。

繰り返しになるが、副操縦士は機長の見習いではない。副操縦士はれっきとしたプロの職業である。現在日本を飛んでいる旅客機は、すべて機長と副操縦士二人で操縦するツーマン機である。チェックリストを始めとする、すべての操作が、プロの機長とプロの副操縦士が乗っていることを前提に作られている。

訓練生から副操縦士訓練過程の第一目標は、プロの副操縦士を育てることである。プロの副操縦士とは、決められた操作や管制官とのやりとり、チェックリストが正しくできる副操縦士のことをいうのではない。それらは最低必要条件ではあるけれども、そのほかさらに重要な要素がいくつもある。

これから副操縦士になる訓練生を教える時に、具体的に目標にしている重要なことが三つある。

一番重要なのが、「機長の指示どおりに動くのではなく、自分の頭で考えるパイロットを育てる」という目標である。

二つ目は、「自分で自分を律することができるパイロットに育てる」という目標である。

三つ目が、「自学自習。自分でどんどん勉強するパイロットを育てる」という目標である。

これらの目標をさらに詳しく述べると以下のようになる。

目標1　自分の頭で考えるパイロットを育てる

大昔、機長は絶対権力者で、副操縦士は機長の言うとおりに動いてさえいればよいとされた時代があった。この時代には機長が間違えると誰も止める者がなく、たくさんの事故が起こった。機長は神様ではない。機長も人間である以上、錯覚や勘違いをすることがありえる。また機長は非常にすぐれた判断力は持っているが、起きている事象に気づいていないこともありえる。

現代のコックピットの中では、機長と副操縦士の間には、緩やかな権威勾配があるのが最適とされている。副操縦士は機長が間違ったことや、おかしいことをしていると思ったら、直ちにそれを具体的に指摘することが求められている。

機長がやっていることが正しいかどうかは、副操縦士が一人前のパイロットとして飛ぶことができて初めて判断できる。周囲の気象状態や、管制官からの指示、飛行機の操作を、機長とは別に副操縦士が自分で考えることができるからこそ、機長がやろうとしていることが、副操縦士自身が考えていることと同じかどうか、各種の規程やマニュアルと相違していないかを判断することができる。

副操縦士が自分の頭で考えるためには、気象や管制に関して様々な情報を正しく入手し、さらに自分の頭の中に判断基準がなければならない。このような知識や判断力をつけることが副操縦士になろうとする訓練生に対して非常に重要である。

自分で考えるということは、ある状況において、どこを見るのか、どんな情報を得るのかということから始まる。次に、得た情報に基づいて、ある情報の組合せの時にはこういう風にしたほうがよいという判断基準をたくさん頭の中に持つということが必要である。

こういう状況の時にはこうしたほうがよい、という方法は、様々な教科書やマニュアルを勉強しなければならないのは当然であるが、それだけではとても足りない。飛行機の世界にはじつに多くの暗黙知が存在する。その暗黙知を短期間で教えることこそ教官の仕事である。

副操縦士は、自分の考えと機長が取ろうとしている、あるいは機長が取った行動が違う場合には、直ちに口に出して指摘するべきである。その結果、たとえ百に一つでも副操縦士の考えのほうが正しければ、それにより機長が考え直して飛行機の安全性が増す。

もし副操縦士の考えと機長の考えが違っていて機長の考えが正しければ、機長がどんな情報をもとに、どう判断したのかがわかり、自分の考えをまとめる役に立つ。このように自分独自の考えを持ち、それを機長に意見できる副操縦士を育てることで、飛行機の安全性が向上する。

目標2　自分で自分を律することができるパイロットを育てる

パイロットの世界では、じつに細かなことが決められている。アルコール類はフライトの12時間前からは一滴も飲んではいけない。また12時間前に止めたとしても、フライトに影響が残るような飲み方をしてもいけない。会社のマニュアルには、これに違反した場合は即刻解雇と謳《うた》われている。

また、どの会社も乗務前のアルコール検査は必ず行わなければならない。スキューバダイビングをした後、24時間はフライトをしてはいけない、風邪薬を含めてほとんどの薬を飲んだ後に、薬の効力の2倍以上の時間がたたなければフライトをしてはいけない、献血をしたらその後、72時間以内はフライトをしてはいけない、など無数の様々な規則がある。

また、半年に1回の身体検査に合格しなければ、フライトを続けることはできない。そのための節制は各人の責任とされている。

すべての規則は、乗客と地上のたくさんの人の命を守るために定められている。二〇一八年、ロンドンで副操縦士が乗務直前に飲酒により逮捕されるという前代未聞の事件が起き、その前後に複数のパイロットがやはり飲酒の規程を守っていなかった事例が相次いだ。

誰かが常時パイロットを監視しているわけではない。誰も見ていなくても、定められたことは絶対に守るということが必要である。そのためには「自分で自分を律する」強い意志が必要である。この意志を育てるのも教官の大きな仕事である。

誰かが見ているから何かをやらないというように、規範を自分の外に求めている人はパイロットには向かない。誰かが見ているからやらないということは、誰も見ていなければやってはいけないことでもやってしまうということにつながる。

自分で自分の中に規範を作り上げて、人が見ていようがいまいが、決められたことはきちんと守るという精神を持つことがパイロットには求められる。

飛行機は風の変化などで、着陸の時にハードランディングをすることがありうる。その場合、パイロットは着陸後整備士に自己申告して、検査をしてもらう。これを誰も見ていないからと、自己申告しなければ、ほかのパイロットが乗っている時に、不具合が生じることがありうる。他人が見ていようがいまいが、定められたことをきちんと守るのがパイロットとしての最低条件である。

自分を律する基本は、他人への責任感である。パイロットが重大なミスをすると事故につながる。それによって多くの人の命が失われる。そのような事故を少しでもなくすためには、最低限決められたことを守るということから始まる。

目標3　自分で勉強するパイロットを育てる

副操縦士になれたからといってそこがゴールではない。

副操縦士になれたからといって、そこで勉強や練習の手を休めるような人間はパイロットには不向きである。またそのような人間は間違っても機長になれない。人間はこれでいい、現状維持をしようと思った瞬間からどんどん下降線をたどる。一生懸命勉強し続けて、やっと少しずつ向上するというのが実態である。

訓練生は副操縦士になるために必死であるし、教官から言われるので勉強する。しかしこれだけでは副操縦士になった後が困る。強制されなくても、自分で勉強するパイロットになる必要がある。

教官として心がけているのは、勉強の面白さを理解してもらうことである。

旅客機のパイロットは自分の好きなところを勝手に自由に飛び回るわけにはいかないし、観光地の上を飛び回るわけにもいかない。では旅客機のパイロットにとっての面白さとは何なのであろうか？

パイロットをやっていて面白いと感じるのは、自分の読みが当たった時である。様々な気象の勉強を通じて、高度や経路を適切に変えることにより、揺れが少なかった時、サービスを順調に行うことができた時に面白さを感じる。また、フライトの時間をずらし、飛び方を工夫することにより悪天候の中でも無事に着陸できた時にも面白さを感じる。

気象の面白さを実感してもらうためには、ディスパッチ段階から自分がある経路や高度を選択する時に、何を見てどう判断しているのかを副操縦士に話している。

その日の気象情報から、自分が何を見てどう判断して経路や高度を選ぶのかを話す。実際に飛んでみて読みが当たった時に、副操縦士は何を見てどう判断すればいいのかの基準ができる。

別の意味で面白いのは、管制官の意図を汲んで、自分の飛行機だけではなくほかの飛行機の流れも含めた、全体としての航空交通を最適化できた時である。

実際のフライトでは、周りの飛行機の位置や、管制官の出している指示から、そろそろ方向を変えられるとか、そろそろ減速の指示が来るとか副操縦士に話す。

とくに、速度は管制官から特別の指示がない限り自分が選んで飛ぶことができる。

「そろそろ管制官が減速を指示してくるはずだから、その前に速度を200ノットに下げておく」というように説明しながら操縦していく。その直後に200ノットへの減速の指示がくれば、副操縦士は管制官に言われるとおりに飛ぶのではなく、自分の頭で管制官の意図について考えて、飛行機を操縦することの面白さがわかる。

この時も、先行機との距離、先行機とさらにその1機前の飛行機の距離、管制官から指示される方向や高度など、自分がどの指標を見て、どのように解釈しているかについて自分の判断の基準を教えながら操縦している。

こうして数回一緒に飛ぶと、副操縦士も少しずつ機長と同じような判断ができるようになる。副操縦士が自分で判断してうまくいった時には目一杯褒めることにしている。自分の判断や読みを褒めてもらえばこれほどうれしいことはない。こういうことを数回繰り返すと、訓練生や副操縦士も自分で勉強することの楽しさを理解するようになってくる。

そうなれば、放っておいても、自分自身で判断するための勉強を始めるようになる。勉強することの楽しさを覚えた訓練生や副操縦士と久しぶりに飛ぶと、次々に様々なことを質問してくる。教官としてはうれしい限りである。

また、自分が最近勉強したことや、自分の勉強方法を積極的に話すようにしている。新たな知識を与えるとともに、機長になって何年経っても勉強し続ける姿を見せるのが目的である。先輩たる機長や教官が、何歳になっても勉強し続ける姿勢を訓練生や副操縦士に見せることにより、パイロットの世界は、一生涯、自分で勉強していく世界であることを理解するようになる。

教官の役割

飛行機の操縦では、一つのことをやるのにたくさんの方法がある。必ずしもAという方法がいつも絶対的に正しいということにはならない。また、どの方法がいいかは条件の変化により様々に変わる。ある条件のもとでは最適な方法が、ある条件のもとでは最悪の方法となりうる。教官はその時の状況を説明し、各々の方法の利害得失を述べたうえで、今回はこういう理由でこの方法を選ぶ、と述べられるのが理想である。

飛行機の操縦は、一定の幅の中でかなりいろいろなやり方が存在する。教官は、このいろいろな飛び方に対する許容範囲が大きくなければならない。許容範囲が狭く、自分のやり方しか許容できない者が教官となると訓練生が非常に困る。教官は自分が好む飛び方以外にも様々な方法を知り、その許容範囲を大きくしなければならない。

訓練に真剣に取り組めば取り組むほど、教官の負担は大きくなる。しかしながら、その負担から逃げるような人物は教官には不向きである。自分の教育が明日の副操縦士や機長を育て、さらには彼ら訓練生が教官やチェッカーとなって、さらに多くの副操縦士や機長を育てていく。自分が行なっている教育は、過去から綿々と続いている教育の一過程を担っているのであり、未来への架け橋の一部だと思うことにより、教官としてのモチベーションと教育の質が向上する。

教官が手を抜けばそれは必ず、訓練生の質や、次に出てくる機長の質に影響する。教官の訓練が、未来に起こる事故を防止できないか、あるいは未然に防ぐかを分ける。起こる事故をゼロにすることにより安全性の向上を図る。安全に対する教育の効果は絶大である。多くの教官は、自分の努力が将来にわたってなにがしかの安全への貢献をすることを願って、教育に情熱と努力を注いでいる。

また教官は、自分の成績とか、会社や上司がどう思うか、個人的な好き嫌いなどの不純な思いを抱いてはいけない。不純な動機で下した決断は必ず間違う。また、訓練生は弱い立場だけに、教官の不純な気持ちを簡単に見抜く。不純な気持ちを抱いた教官は信用されない。

教官も人間であり、神様ではない。過去の訓練生時代や副操縦士時代の失敗を平気で語れる教官は、訓練生から信用される。

また、自分の間違いや気づいていなかったことを訓練生や副操縦士が指摘してくれた時に、素直に感謝できる教官は訓練生から信用される。

動機付け

副操縦士になるための訓練は大変である。訓練と勉強を続けてもらうためには、動機付けが重要である。

動機付けには個人的な「正の動機付け」と個人的な「負の動機付け」、社会的な「正の動機付け」と社会的な「負の動機付け」の4つが存在する。

個人的な「正の動機付け」とは、これをやると個人にこれだけの利益がある、という動機付けである。一方、個人的な「負の動機付け」とは、これをやらないと個人にこれだけの不利益があるという動機付けである。

一方、社会的な「正の動機付け」とは、これをやると社会にこれだけの利益があるという動機付けである。社会的な「負の動機付け」とは、これをやらないと社会にこれだけの不利益があるという動機付けである。

すべての人間には、この4つの動機付けが不可欠である。個人的な動機付けだけでは、動機付けとして弱い。最終的には社会的な動機付けを強く教えることが必要となる。人間は自分のためだけでなく他人のためになると思う時に、より努力をすることができる。

個人的な「正の動機付け」とは、副操縦士になれば訓練生の時から比べて大幅に給料が上がる。いい車も手に入るかもしれない、という個人的に得になる動機付けである。

個人的な「負の動機付け」とは、副操縦士になれなければ新たな仕事を探さなければならない。訓練生の身分がなくなり給料もなくなる、という動機付けである。

パイロットにとっての社会的な「正の動機付け」とは、飛行機がどれだけ社会の役に立っているかという認識である。病人をストレッチャーで運ぶ話や、危篤の親元にかけつける時の飛行機の価値、国際紛争や災害の時に派遣される救難機など、具体的な事例をもって自分たちが行なっていることの価値を示すことが重要である。

一方、社会的な「負の動機付け」とは、航空事故がいかに悲惨な結果をもたらすかという事例である。事故の犠牲者になった人も、残された家族や友人への影響など、飛行機の事故の影響は計り知れない。

訓練生の教育は、まずこの動機付けの部分から開始されなければならない。

多くの人は、パイロットになりたいと希望する人間は非常に強い動機付けを持っていると誤解している。確かに強い動機付けを持っている訓練生も多い。しかし、ともするとそのほとんどが、個人的な「正の動機付け」のカテゴリーにしか入らないものも多い。そのような者は長い訓練やつらい訓練に耐えられないことも多い。個人的な負の動機付けや、それにもまして社会的な動機付けを与えるところから始める必要がある。

日本航空では安全啓発センターを持ち、全日空は安全教育センターを持っている。さらには自社社員のみならず他組織の人間が見学することもできるようにしている。航空会社に限らず、多くの会社では過去の事故例を展示し、新入社員に学ばせている。この理由が社会的な負の動機付けである。

副操縦士にとって一番大事なのが、「自分が乗っている飛行機と、乗客乗員の命は自分が守る」という強い意志である。この強い意志がない人間がコックピットにいることは許されない。訓練生と接する時、まずこの強い意志を持つように指導する。

望ましい訓練生の姿

訓練生は、訓練初期の段階から、副操縦士のチェックを受けるまで様々な段階があるが、最終的には以下のような形になれることが望ましい。

やらなければいけない、すべてのプロセジャーを短時間で順序どおり正確にできること。

ＦＭＳ（フライト・マネジメント・システム）の入力が正しくできること。また、計器の指示に異常があった場合には直ちに整備士に確認できること。

操作はマニュアルの文字で記憶するのではなく、ビジュアル化して、どのスイッチをどう動かすのか、その時に計器はどう動くのが正しいのかを映像として記憶していること。

スイッチ操作は、一つを操作したら、関連するライトや計器の指示を確かめてから、次のスイッチを操作すること。

緊急事態に対する、チェックリストのリコールアイテム（記憶により操作しなければいけないアイテム）は、迅速かつ正確にできること。

管制官との交信が、正確にできること。自分が聞き取れなかった部分や、あいまいな部分は必ず管制官に聞き返せること。

管制に関わる規則を正確に知り、管制官の指示に附帯してやらなければいけないこと、やってはいけないことが正確に判断できること。

機長と副操縦士のどちらか一人でも、管制官の指示に疑問を持ったり、あいまいだったりした場合には、必ず指示を出した管制官に確認すること。

便名や管制官が出した指示が間違っているかもしれないと感じた場合、必ず確認すること。

必要なナビゲーションに使うＶＯＲ（超短波無線標識）の略号をすべて知っていること。

ホールディングパターン（空中待機の経路）が複数ある場所のホールディングは必ずどの形かを管制官に確認できること。

チェックリストが管制官からの呼びかけや、客室乗務員からの呼びかけなど何らかの形で中断された場合、必ず最初からやり直すこと。

誰か一人でもチェックリストをやったかどうか疑問に思ったら、必ずチェックリストをやり直すこと。

アプローチタイプ（進入方式）が変わったら、ランディングブリーフィングをやり直し、チェックリストもやり直すこと。

機長のやっていること、やろうとしていることが、自分が聞いた管制官の指示と違っている場合や、マニュアルに書かれた操作と違うと思った時は、直ちに明確に機長に言えること。

機長が降下あるいは上昇しようとしている高度が、管制官の指示と一致していること、各チャートに定められた制限を守っていることを確認すること。

常に誰が操縦し、誰が管制官との連絡をしているかを明確にすること。

何かが起きた場合、機長と同じところに集中しない。機長が操縦しているのなら、機長に操縦と管制官との連絡を任せ、自分が異常事態に対処する。機長が起きた事象に対処する時は、自分が操縦と管制官との連絡を行う。必ず機長と違うことを行うこと。

レーダーに映る気象状態や、実際に見える他機、計器の異常な指示など、自分が気づいたことは直ちに機長に明確な形で言えること。

機長の「フラップを上げろ」という指示に対しては直ちに行動するのではなく、フラップを上げてよい速度なのかどうかを確認してから上げる。また逆に「フラップを下げろ」という指示に対しては、フラップを下げてよい速度なのかどうかを確認してから操作をする。ランディングギアについても同様。

通れない誘導路等の航空情報を正確に把握し、的確に機長にアドバイスできること。

「次の誘導路を左です」「スポットは777の手前です」のように、これから取るべき行動を事前にアドバイスできること。

もし正しい経路がわからなくなった場合は、地上なら「止まってください」、上空なら「ゴーアラウンドしましょう」など確認の時間を作れること。

機長が自分をどう思うかとか、自分をどう評価しているかなど、機長を気にしないこと。気象、管制、他機の位置など外部を気にすること。

機長に追従しないこと。機長とは独立した一人のパイロットとして、管制や気象に注意をはらい、自分なりのフライト方法を考え、もし機長の飛び方と自分の考えが違う時は必ずはっきりと口に出して言えること。

機長から質問されて、わからないことはわからないと言えること。

機長から「曲がるのはここだよね?」と言うように聞かれても、自分に自信がない時は「わかりません。確かめます」と言えること。

マニュアルやチェックリストの必要なページが直ちに出せること。

必要な性能計算が直ちにできること。

たとえ間違ったアドバイスをして気まずかったり、さらには機長から叱られたりしてもアドバイスを出し続けること。

ここに書いたのは、望ましい姿のごく一部である。さらに規則には、管制方式基準に定められた以外に、空港ごとのローカルプロセジャーがある。滑走路名を言われてプッシュバックを許可されても、どちらに向けるかは空港ごとどころか、スポットごとに決まっている。

訓練生は副操縦士になるために、最低でも上記に書いたことができることが求められる。ほとんどの航空会社では、教育用のテキストが作られ、ある段階の訓練生がどんなことが、どの程度できなければいけないかが細かく決められている。

心理的バリアーを壊す

いまの若い人たちは、他人に自分の弱点や欠点を見せることを極度に恐れる。何とか弱点や欠点を見せないように努め、たとえ自分がうまくいっていなくても同期や先輩には何も言わない者が多い。

ところが、いままで経験がない大型ジェット機で実際の気象や管制の中を飛ぶのであるから、最初からうまくできるはずがない。うまくなるためには、自分の失敗や間違いを平気で同期や先輩に言って、どうやったらうまくいくのかを教えてもらうことが必要である。

同期との連携をうまくとるためには、まず、自分の欠点や失敗を他人に知られたくないという訓練生の心理的バリアーを壊す必要がある。

そのためには、まず毎回、お互いに失敗談を言い合って、人のした失敗を自分がしないようにすることの有利さを訓練生に伝える必要がある。

さらに有効なのが、教官が訓練生の同期全員を集めて、訓練生一人一人の失敗談やいまうまくいっていないところや、やり方がわからないところを話させることである。教官から促されれば、まさかすべてが順調で困っていることはないとは言えない。もしそのように言う者がいれば、その訓練生の欠点を教官が指摘し、自分の状態を正しく把握していないことを責めればよい。

一度、全員の前で自分の失敗談や欠点を話してしまえば、心理的なバリアーは消失する。そうなれば、それから後は、同期の訓練生同士でも失敗談やうまくいかないところを平気で相談できるようになる。

欠点の指摘ではなくやり方を教える

一般の企業できちんと仕事の仕方を教えているところは少ない。形式的に業務を行う方法だけを教え、あとは間違ったら叱る。正しい方法を教わっていない社員が正しく行動できるわけがない。このことが定着率の悪さとなり、企業の効率を下げる一因となっている。

訓練生も実用機の副操縦士過程までくれば、小型機は自分で飛ばしていたわけであるし、シミュレータや実機での試験にも合格し、その機種を操縦してよいという国家資格は持っている。この段階の訓練生は、操縦については、自分である程度いろいろなことがわかっている。

ここで訓練生の欠点だけを指摘する教官は、教官の仕事の半分も行なっていないことになる。教官は医師と同じである。悪いところを見つけたら、それを指摘するのと同時にその処方箋を出さなければいけない。訓練生は、欠点はわかっても、どうやったらその欠点を直すことができるのかがわからない。

それをこんな方法があるとか、こんなやり方を試してみたらと提案するのが教官の最大の仕事である。さらに訓練生が自分の教えた方法でうまくできた時は、その場で「よくできた、そのやり方でよい」と褒めなければならない。こうすることで訓練生は、どのやり方でやればよいのかがわかるようになる。

昔、ある訓練生に対する教官のコメントに、「離陸時の機首上げが遅い」「離陸時の機首上げが早い」というような文言が続いていた。欠点をいくら指摘しても、遅いと言われれば操縦桿を大きく引く、早いと言われたら操縦桿を小さく引くというようなことをいくら繰り返しても、全くうまくならない。このような教官は、教官としての資格がない。

747の離陸で、操縦桿を引くにはこつがいる。地上から機首を浮かすためには、ある位置まで、操縦桿をすっと引かなければならないのであるが、そのままの位置に置いておくと、どんどん機首上げの角速度が速くなり、飛行機のおしりを滑走路にこすってしまう危険がある。そこで機首がある程度上がってきたら、操縦桿を少しだけ前に戻してやらなければいけない。ところが飛行機の車輪が地面を離れたらそのままの状態では機首が上がらなくなる。そこで車輪が地面を離れて1、2秒たったら操縦桿を再び少し引いて、機首上げの角速度を維持しなければならない。

この訓練生は、まず操縦桿の正しい動かし方を教えて、その後シミュレータに乗せて数回練習させたところ、離陸は全く問題なく上手に行えるようになった。

一つ一つの操作を正しく行うためには、まず「いつ行うのか」というタイミングの問題がある。次に何を見てどの値になったら操作をするのかという、着目点と操作の開始時期の問題がある。最後にどのように、どれぐらい動かすのかという操作量の問題がある。

これら一つ一つを分解して、順番に丁寧に教えることで、大概の場合にはうまくできるようになる。

飛行機の操縦で、常にある方法が絶対に正しいという方法はない。すべての方法は条件により変わる。ある条件において最良の方法は、ほかの条件下では最悪の方法になりうる。

また、一つのことをやるのにいくつかの方法がある。教官は各々の方法の利害得失を述べ、この場合にはこういう理由でこの方法を選ぶと述べるのが理想である。

一番よくないのが、「着陸をやってみろ」と口で指示するだけで、本人が苦労して行なったのを「こんなんじゃ駄目だ」と批判することである。

着陸をやらせる時は、「今日の着陸ではどんなことに気を付けなければいけない？」と、その日の注意点を聞いてみる。横風が一番問題になる時に、もし、訓練生が横風以外の重要ではない点を言ってきたら、「それもあるね」と答えたうえで「ところで、横風についてはどう考える？」と相手の考えを誘導する。その後で「横風の時はどう操縦している？」と相手に横風着陸の注意点を述べさせ、足りないところがあったら捕捉し、間違っていたら訂正する。そうやって訓練生が理解したうえで着陸させてみて、うまくいったら「よくできた」と褒めたうえで「ここはこう直したほうがなおよい」というように指導するべきである。

はじめはまどろっこしいように見えるが、これを数回繰り返せば、すぐに少なくとも横風着陸に関してはかなり技量が上がる。

先にも述べたが、最初に正しい操縦のやり方を教え、それを実行させてみて、できれば大げさに褒める。これを繰り返すことにより、うまく操縦できるようになる。

「なぜ」を教える

一般の企業において、仕事の方法を教える時に「なぜ」を教えているところは少ない。自分で考えるパイロットを育てる時に大事なのが「なぜ」の教育である。「なぜ」を教えないで方法だけを教えると、応用がいっさい利かない。教えられたことと全く同じことが起これば対処できるが、少しでも条件が違うと全く対処ができなくなったり、間違った方法を実行したりすることが起こる。

「なぜ」を教えると、やがては自分で様々なことが判断できるようになり、教わっていない事態にも対処できるようになる。

一番よいのが、その場で「なぜ」を教えることである。「ここでは、こうしなければいけない。なぜならば……」「ここではこうしてはいけない。なぜならば……」というように、何かしなくてはいけない理由、何かをしてはいけない理由、この双方を教えることが重要である。

パイロットの場合、その理由のほとんどが過去の事故や、事故にまでは至らなかったが一つ間違えば事故になったかもしれない、重大インシデントに行き着く。

過去、こういう事例があったからこのようなことをしなくてはいけない、あるいは過去にこういう事例があったからこのようなことをしてはいけないという話は、非常に説得力がある。

そのためにも教官こそ、様々な過去のできごとを勉強して頭の引き出しに入れておかなくてはならない。シミュレータと違って実機での運航には何が起こるかわからない。どんな状況が起こってもそれにうまく対応しながら、その中でやらなくてはいけないこと、やってはいけないことを訓練生に教えていく。そのためには教官の頭の中には、膨大な事例が入っていなくてはならない。

マニュアルや法律、規則を知っているのはもちろんであるが、教官として重要なのは過去の航空事故に関する本を読み、事故調査報告書を読み、様々な事例を研究してそこから、教訓を抽出整理することである。

人間の頭に残るのは物語だと思われる。単純に「何をしろ」あるいは「何をするな」という規則は簡単に忘れるが、物語は忘れない。「過去にこういう操作をしたらこんな事故が起きたから、こういう操作はしてはいけない」「過去にこういう操作をしなかったから、こんな事故が起きた。だからこういう操作をしなければいけない」というように、具体的に事故の事例に結びつけて話をすれば、間違う確率が非常に小さくなる。

訓練生にとって最も重要な資質とは

訓練生にとって最も重要な資質は、素直さである。教官や同期から忠告やアドバイスをもらったら、とりあえずはそのアドバイスどおりにやってみることが重要である。せっかくアドバイスをもらってもいろいろと理由をつけて、自分のやり方に固執するようでは、進歩はない。

経験がほとんどない訓練生が、教官の教えやアドバイスを無視することはおかしなことであるが、現実にこのような訓練生も存在する。人間は中学生以上になると自我が確立し、よほどのことがなければ性格の本質的な部分は変わらない。

素直さに欠ける人間が、パイロットになるのは難しい。

副操縦士へのチェックアウト

教官にとって、自分の教えた訓練生が無事に副操縦士になり、しばらくして一緒に飛んだ時に成長した姿を見ることは非常に楽しい。中には副操縦士昇格後1年もたたないうちに、機長と同じような判断や考え方ができるようになっている時がある。教官としては非常にうれしい瞬間である。

最もうれしいのは、昔自分が教えた訓練生が、副操縦士を経て無事に機長になった時である。教官業務にはいろいろと苦労も多い。その苦労がすべて吹き飛んで報われる瞬間である。

さらには自分が教えた訓練生が機長になり、その中から教官になる者や、チェッカーになる者も出てくる。自分の教え方が間違っていなかった、と思える時であり、さらに技術と考え方の伝承を通じて、少しでも世の中に貢献できたかと思える時である。

教官から原理原則を教えられ、また様々な根源的な修正点を学習した訓練生は、どんどんそのレベルを上げる。きちんと体系的に教えられた訓練生は、やがて訓練を修了し、副操縦士になるためのチェックを受ける。このチェックに合格すると晴れて副操縦士として、教官以外の機長と同乗して二人で飛べるようになる。

　きちんと原理原則を学んだ副操縦士は、非常に優秀な副操縦士になる。このことが飛行の安全を担保することになる。

第五章

パイロットの役割の変遷

ものの見方、考え方

飛行機が初めて空を飛ぶようになってから、100年余りしかたっていない。大昔、空を飛ぶ飛行機の量はものすごく少なく、かつ性能も不十分なものであり、気象状態の把握や通報、レーダーといった、支援設備はほとんどなかった。

大昔の世界は、空の安全は個々のパイロットの経験と勘、操縦技術によって支えられた。このような世界では、操縦の技術が最も重要度が高いとされた。

現代の大型旅客機は、管制システム、数々の自動化システムや警報システムに支えられた非常に高度なシステムである。

旅客機の性能と周りのシステムが変化するにつれ、パイロットの役割も当然、変化しなければならない。昔は「腕」と呼ばれる操縦技術が100％近くを占める世界だったのに対し、現代のパイロットはより複雑なシステムを動かす、システムオペレーターとしての役割が重要になってきた。

さらには、パイロット個人の技量や考えではなく、チーム全員のパフォーマンスを最大限に発揮する、チームリーダーとしての役割も重要視されるようになってきた。

役割の変化とともに、必要とされる資質も変化する。勘と技量に頼る世界から、様々な事例を研究し、微妙な兆しを察知して状況の変化を見極め、その状況に最も適合する行動を選択して、副操縦士や機械に指示できることがパイロットに求められる重要な資質となった。

現代のパイロットにとって必要なものは、操縦技量ではない。パイロットにとって重要なものはものの見方、考え方である。

これから様々なことに関してのものの見方、考え方について検討していきたいと思う。

自動化

現代の企業では様々な自動化が進んでいる。これと同じように飛行機でも自動化が進んでいる。オートパイロットといわれる自動操縦装置や、オートスロットルと呼ばれる自動でエンジンの出力を制御する装置をはじめ非常に多くの装置が自動化されている。これらは何もパイロットに楽をさせるためにつけられた装置ではない。パイロットを操縦から解放し、その注意力や判断力を気象状態やほかの飛行機の位置、管制と飛行機の周囲に向け、結果として飛行機の安全性を増すためにつけられている。

自動化は、パイロットを長時間にわたるコントロール業務から解放してくれる。人間のコントロールは非常に優秀であり、オートパイロットなど及びもつかないようなすばらしい技能を発揮する。ただし、人間の集中力には限りがある。完璧なコントロールを維持できる時間は最大でも15分間であり、それも体調や時差、睡眠などの諸条件で変化する。さらにコントロールを行うと、人間の最大の能力である判断力を減殺する。

ただし、現代の飛行機の自動化には問題点も多い。残念ながら現代の飛行機の自動化は、パイロットが望む自動化からはほど遠い。極論すれば、技術者が自動化をやりやすいところから、自動化したものである。現代の自動化では、機械に判断能力がない。たとえ不安全になろうと、スイッチでセットされた命令どおりに飛行する自動化である。また著《いちじる》しい気象条件や各種の故障時にはうまく対処できない。そのような場合には人間が操縦することが求められる。

しかしながら、それでも長時間のコントロールと意識の集中からパイロットを解放し、パイロットの頭脳活動を最も必要な判断に回すのには大いに役立つ。

このように役に立つ自動化であるが、自動化には二つの大きな問題点が存在する。一つは自動化に対する盲信と警戒心の低下である。「自動化された装置がうまくやってくれているだろう」と思うことが、直接的な監視能力を低下させる。自動化はあくまで、パイロットが入力したことを忠実にこなしているだけであり、入力を間違えれば、間違った飛び方をする。また現代の機械は大幅に信頼性が上がっているとはいえ、完全無欠ではない。あくまでパイロットの監視下でのみ安全性が保たれる。

自動化のもう一つの問題点は、自動化の拒絶である。自動化を完全に拒絶するパイロットはいないが、オートパイロットを使って、人間はほかのことに注意力や判断力を向けるべき時に、オートパイロットを使わずに自分で操縦する人間は現代の飛行機には向かない。

自動化された機械を盲信することは事故につながる。その反対に自動化を拒絶するのも間違っている。自動化の利点を最大限に生かし、その欠点を人間が補うことこそ、現代の自動装置のすべてのオペレーターに求められる資質である。

パイロットは現代の飛行機の自動化システムの欠点を十分に認識し、その欠点を露呈せず、かつその長所を最大限に生かす形で、自動化システムを使わなければならない。

自動操縦装置との付き合い方

昔、大型旅客機のコックピットは3人乗りが主流であった。現代の旅客機は、コックピットには機長と副操縦士の二人しか乗っていない。しかしながら、現代のツーマン機はパイロット二人で飛ばす飛行機ではない。現代の飛行機は、機長と副操縦士という二人のパイロットが自動操縦装置を使って飛ぶ飛行機である。

自動操縦装置というと、何か機械だけで飛んでいくことができるような印象を与えるが、現代の自動操縦装置にはそこまでの能力はない。あくまでもパイロットがあらかじめセットした経路や高度を飛ぶ能力しかない。パイロットが間違った操作をすると、自動操縦装置は忠実に間違った経路や高度を飛行する。

パイロットは自動操縦装置に入力する高度や速度、方向などを変える場合には必ず声に出してほかのパイロットに伝える。こうすることによって、二人のパイロットが常に共通の認識を持つと同時に、もし万が一、入力するパイロットが間違えた場合にも、もう一人のパイロットが訂正することができる。

モード

自動操縦装置には様々なモードがある。モードにより、同じスイッチや同じノブをいじっても飛行機の飛び方は違う。ツーマン機の第一歩は、飛行機がどのモードにあるのかを、二人のパイロットがともに正しく認識することである。高度、速度など、飛行機が空気に対してどのような動きをしているか。パイロットの前の一番重要な計器をＰＦＤ《ピーエフディー》（Primary Flight Display）という。このＰＦＤの一番上にあるのがモードアナウンシエータといわれる部分である。このモードアナウンシエータの表示が変わるたびに二人のパイロットはお互いに変わったモードを読み上げる。

オートパイロットを使って操縦しているパイロットは、自分がモードを変えようとする時は「セレクト ブイエス（Select V/S.）」のように声に出し、モニターしているパイロットに、自分がモードを変えることを宣言しなければならない。

その後、モードが変わってＰＦＤ上のモードアナウンシエータの表示が変わったら、まず操縦しているパイロットが変わったモードを読み上げる。次にモニターしているパイロットが変わったモードを読み上げる。もしモニターしているパイロットが読み上げなかった場合、操縦しているパイロットは、再び口に出してモードを変えたことを伝えなければならない。

相手が知らない間に黙って勝手にモードを変えると、モニターしているパイロットは飛行機がどのように飛んでいるか把握できなくなる。結果として十分なモニターができなくなる。

声に出さず、一人で勝手にモードを変えるパイロットは、現代の旅客機を飛ばす資格はない。

自動操縦装置がいまどのようなモードで動いているかの把握は、非常に重要である。もしパイロットがスイッチやノブを動かしてみて、自分の思っているとおりに飛行機が動かなかった場合には、まずモードを確認することが重要である。

自動操縦装置は様々なレベルでフライトを行うことができる。非常に高度なレベルでは、あらかじめ登録しておいた経路上を飛行することができるし、さらに、経路上に設定した各通過ポイントの高度を守って飛ぶようなこともできる。

一番基本的なモードをベーシックモードという。このベーシックモードは、高度を維持するアルトホールド、飛行機が飛ぶ方向を維持するヘディングセレクト、さらに上昇・降下したい場合には、上昇率・降下率を設定するバーティカルスピードモードがある。ベーシックモードを使うことにより、よりレベルの低い基本的なモードとして使うことができる。

複雑なモードを使うことが難しい場面では、自動操縦装置を使いながら、ベーシックモードを使うことが望ましい。

コンピュータより機械部品の故障を疑え

コンピュータが発達すると、すべての機器をコンピュータが制御するようになってきている。飛行機の計器に故障が表示された場合、まずはコンピュータの故障を疑い、コンピュータのバイトチェックを行う。コンピュータのバイトチェックが正常だと、あたかも機器が正常な気がしてくる。

飛行機の実際の動きは機械的な各部品が動くものである。コンピュータが故障する確率は非常に低い。他方、実際に機械的な部品が消耗したり故障したりする確率はかなり高い。ここで飛行機が実際は機械的なもので動いていることを忘れ、あたかもコンピュータで動いているような錯覚に陥ると判断を大幅に誤る。故障が起きた場合には、コンピュータの故障を疑うのではなく、まず実際に機械的な部品が故障したことを想定しなければならない。

飛行機には様々な警報や警告灯がつけられている。この警報や警告灯には鉄則がある。もし飛行中に何かの警報や警告灯が作動したら、パイロットはその警報や警告灯が間違っているとか誤動作かもしれないとは疑わずに、直ちに警報に従う必要がある。

せっかく警告してくれているのに、誤動作かもしれないと疑って様々なテストをして確かめようとしたら、間に合わないかもしれない。

原則は、警報や警告灯が作動したら、まずは疑わずに対処する。安全な状態になってから初めて様々な確認を行う、というのが鉄則である。

管制

次に、管制について考えてみる。現代のように、多数の飛行機が世界中を縦横無尽に飛び回る状況下では管制が不可欠である。もしすべてのパイロットが勝手なルートを勝手な高度で飛べば、必ず空中衝突が起こる。そこで地上の管制官が飛ぶべき方向や高度、速度を指定して飛行機が接近しすぎないようにしている。

この管制は、レーダーなどの支援はあるものの、最終的には管制官の頭脳とパイロットの頭脳がその安全を担保している。管制官は自分に割り当てられた空域の中を飛行する多数の飛行機に対して無線で方向、高度、速度を指示することで、飛行機同士の間隔を維持して、空中衝突しないようにしている。

管制官の指示に対して、パイロットが勝手な行動をしたのでは安全が保てない。また、パイロットは世界中の空を飛ぶ。そこで国際連合の下部組織であるＩＣＡＯ（International

Civil Aviation Organization：国際民間航空機関、イカオまたはアイカオと呼ばれる）の附属書の中で、管制に使う用語や飛び方が細かく決められている。各国の航空関連の法律や規則は、このＩＣＡＯ附属書に準じて制定されている。

多数の飛行機に対する言葉の指示を簡潔にするために、管制は用語が決められているのと同時に、一つの言葉が持つ意味が細かく規定されている。パイロットはまず、この規則を知らなければならない。

たとえば関西空港に向かっている時に、高度1万フィートで飛んでいるとする。この時に「クリアー ツー マヤ バイ キャンディ デルタ アライバル（摩耶ポイントまでキャンディ デルタ アライバルに定められた経路に沿って飛行することを許可する）」と管制官から指示されたとする。この指示はあくまで経路の承認であり、高度の承認は含まれない。パイロットは、管制官から最後に承認された高度1万フィートを維持して飛ばなければならない。

一方、前半部分が全く同じで後半部分が違う指示、「クリアー ツー マヤ バイ キャンディ デルタ アライバル クリアー フォー アイエルエス ツーフォー レフト（摩耶ポイントまでキャンディ デルタ アライバルに定められた経路に沿って飛行することを許可する。その後、ＩＬＳ ランウェイ24Ｌへの進入を許可する」と言われた場合、摩耶ポイントまでは途中のポイントごとに定められた高度まで降下しながら飛ぶことが許される。

同じように、一定の速度を守るように速度の指示をされていた場合も、進入を許可するアプローチ・クリアランスが管制官から発出された時点で速度制限は終了し、パイロットは自分が飛びたい速度まで速度を減少させることができる。

つまりアプローチ・クリアランスが後ろにつくかつかないかで、パイロットの飛び方は全く変わる。

このように、管制官の指示は様々な規則が存在し、管制官が一から十まですべてを話さなくても、円滑にフライトができるように決められている。管制官の指示に従って飛ぶ現代の旅客機において、パイロットは膨大な管制の規則をすべて覚えなくてはならない。そこがパイロットとしての最低条件になる。さらにそのうえで様々な気象状態や、飛行機の異常に対応する方法も学ばなければならない。

AI旅客機は可能か？

「AI旅客機は可能か？」という質問に対して、5年前は「遠い将来、AI旅客機は可能かもしれないが、可能になった時には、AI旅客機は人間と同じようにミスをするだろう」と答えていた。

ＡＩ旅客機の問題を考えるために、将棋や囲碁の世界でのＡＩの活躍に注目して、様々な事例やデータを集めて研究した。この５年間でＡＩは、とてつもない進化を遂げた。

２０１７年５月20日、コンピュータ将棋ソフトと棋士が戦う第２期電王戦第２局で、将棋ＡＩソフトのＰＯＮＡＮＺＡが佐藤天彦《さとうあまひこ》名人を破って電王戦に勝利した。将棋ソフトが人間の棋士の頂点である名人を破った瞬間である。

囲碁界では「アルファ碁」というソフトが２０１６年３月15日、韓国の李世乭《イセドル》棋士を４勝１敗で破った。「イ・セドルがアルファ碁に負けたのは弱かったからだ」と言ってアルファ碁と対戦した中国の棋士柯潔《カケツ》もアルファ碁に負けた。

アルファ碁は、人間が対局した碁の棋譜を大量に読み込んで学習していた。「このやり方は、人間に学んでいるので真のＡＩとは呼べない」という批判に対して、李世乭との対局の半年後「アルファ碁ゼロ」というＡＩソフトが開発された。アルファ碁ゼロは、ルールだけ教えられた後、自分の中の対局だけで学習し、人間の棋譜を一切見ないで学習した。このアルファ碁ゼロも人間より強くなった。

現代では、人間の棋士がＡＩの打った碁を見て、こんな手があるのかと勉強する時代である。棋士の対局の一手毎に、コンピュータが評価をし、コンピュータの評価が低い手は、打ちにくいと棋士に言わせる時代になった。

ＡＩの最大の強みは、疲れる、眠い、病気、空腹などのような、人間の生理状態に影響されないことである。さらに1台優れたＡＩを作れば、複製が自由にできる点も優れている。

このように囲碁や将棋の世界では圧倒的に強くなったＡＩであるが、ＡＩ旅客機が登場するためには、いくつか克服しなければならない大きな問題がある。

その一つは、飛行機の操縦が「すべての情報が与えられない」部分情報問題（第三章参照）だということである。

将棋や囲碁は「すべての駒や石の位置が完全にわかっている」完全情報問題である。これに対して飛行機では、どこかの飛行機が滑走路でパンクするかもしれないし、急病人が出るかもしれないという、不確定な情報を元に飛ばなければならない。

14時間後の天気が予想どおりではない可能性も存在する。人間はこの足りない情報を、経験や推論で補って対処している。この部分情報問題をどう解決するかが重要である。部分情報問題を解決するためには、単なる操縦能力だけではなく、人間の常識が必要となる。

もう一つの問題として、現在のＡＩでは、ＡＩが選んだ手段に対してなぜその手段を選ぶかが、人間には全くわからないという欠点がある。ＡＩの論理がわからなければ、そこに見落としや、考え違いがあっても人間が指摘することができない。

これから開発すべきＡＩは常識を持ち、人間と対話ができるＡＩでなければならない。

ＡＩだけが操縦する旅客機が作られる前に、まず「機長が人間で、ＡＩが副操縦士」という旅客機が登場すると思われる。『スター・ウォーズ』でのルークとＲ２－Ｄ２やＣ－３ＰＯという関係である。先ほど述べたように、飛行機の操縦に当たるＡＩは、単に操縦ができるだけのＡＩでは不十分だと思われる。

ＮＨＫの番組に『グレーテルのかまど』という料理番組がある。人間の男性であるヘンゼルが、魔法のかまどと対話をしながら料理を作っていく番組だ。ヘンゼルとかまどは料理の話だけでなく、様々な世間話をしながら料理を作っていく。

飛行機の操縦を担当するＡＩもこのような形になる必要がある。機長とＡＩの間で次のような会話ができることが望ましい。

機長：キャビンで急病人が出たらしい。
ＡＩ：どんな状態ですか？

機長：呼吸が荒くチアノーゼを起こしている。高度をＦＬ２５０まで下げよう。
ＡＩ：今日の気象状態では、ＦＬ２５０まで下げると、目的地での燃料が少なくなりすぎます。ＦＬ２９０なら大丈夫です。
機長：わかった。管制にＦＬ２９０を要求して、なるべく早く降下してくれ。
ＡＩ：了解しました。

ＡＩが副操縦士を務めるようになると、人間のパイロットが経験を積めず、機長が育たなくなる。ＡＩが副操縦士を務める飛行機が出てきた時には、どうやって経験豊かな人間の機長を育てるかが非常に重大な問題となる。

さらに時代が進むと、場合によっては「機長がＡＩで人間が副操縦士」という旅客機が登場するかもしれない。通常のフライトはＡＩが担当し、ＡＩがカバーしきれないような突発事態や、異常な気象状態に関して、人間がＡＩを補佐するという段階である。

このように、人間とＡＩが互いに補完しながら一緒に飛ぶという形式は、遠くない将来実現すると思われる。しかしながら完全にＡＩだけが操縦する旅客機が飛ぶのは難しいと思われる。技術的に可能だということと、実際にそうなるかは全く別の問題である。「パイロットが全くいない旅客機に乗客が乗るか?」という問題が大きく立ちはだかる。

燃費と機体の変化

私が飛行機の性能や空力について教えていただいている前出《まえで》恒夫《つねお》さんは、自衛隊の輸送機であるC－1を設計し、さらには日本人でありながら、ボーイング767の設計を主幹した方である。

ある時、前出さんに「なぜ767は747に比べてあんなに揺れるんですか?」という、767の設計者に対して非常に不躾《ぶしつけ》な質問をしたことがある。前出さんが嫌な顔もせず返してきた答えは「そう設計したから」というものだった。前出さん曰《いわ》く「767はオイルショック後に設計された最初の機体です。それまでは、燃費のことなど誰も気にせずに飛行機を設計していました。これに反して767のメインテーマは、少しでも燃費をよくすることです。そのために767では、翼面荷重を小さくし、テーパー比を大きくし、後退角を少なくしました。このどれもが燃費を向上させるのですが、その半面、同じ空気の擾乱《じょうらん》に対してより揺れるようになります」という話であった。

私が長年、操縦したボーイング747は非常によい飛行機だった。空力的にはいまでも最高の旅客機だと信じている。ところが世界情勢の変化により、747は世界の空からどんどん消えている。

747の設計が始まった当初、石油の値段は、原油1バレル当たり10ドル前後であった（1バレルは約200リットル、おおよそドラム缶1本分に当たる）。ほかの物価に対して原油が非常に安いために、誰も燃費などは気にしていなかった。747の設計にあたっても、どれだけ大量の燃料が積めるかという点だけが問題とされた。

1973年に第一次オイルショックが始まり、1979年に第二次オイルショックが始まった。この結果、石油の値段は高騰した。燃油費が航空会社の経費の最大なものとなった。このため、多くの航空会社が多少高くても燃費がよい新型機に替えるようになった。

747は在来型の747と747－400と呼ばれる2種類の形式がある。私が飛んでいた当時、日本とヨーロッパを往復すると、在来型747と747－400では燃料費が1000万円以上違うといわれていた。旅客数は違うものの、747－400と後からできた777では、やはり日本とヨーロッパを往復すると、燃料費が1000万円以上違っていた。

飛行機のエンジンはアイドルで推力を出していない時でも燃料を消費する。そのため、エンジンの台数が多ければ多いほど、燃料消費が増大する。現在では世界の旅客機のほとんどが、エンジン2台の双発機になってしまった。

航空会社の経営にとって最重要なのは燃料消費が少ない飛行機となった。多少高い新型機であっても燃費さえよければすぐに元が取り返せる。その結果、ボーイング、エアバスともに低燃費の飛行機を作ることが最大の課題となった。

ボーイングが開発した787は、燃費を最優先にするように設計された。機体や翼すべてを軽いカーボン繊維で作り、重量軽減とともに機内の与圧を上げ、より高い高度を飛べるようにした。さらに機体の割に強力なエンジンを備え、いきなり燃費がよい高い高度に上がれるようにした。日本からアメリカに飛ぶ時、787は強力なエンジンと、高い与圧にものを言わせて最初から高高度に上がる。これにより燃費が非常によい高度を飛ぶばかりでなく、最初からジェット気流の追い風が強いところを飛んで、より燃料消費を少なくすることができる。さらに787ではエンジンには発電機のみをつけ、従来のエンジンについていたハイドロポンプ（油圧ポンプ）等は省略している。これによりエンジンの燃費が改善された。運べる旅客数は少ないものの、787の使う燃料は777に比べても非常に少ない。

飛行機の燃費を左右するものに重量がある。飛行機は重量が重くなれば、その重さに見合う分、翼が揚力を多く発生しなければならない。揚力を多く発生すると、抵抗も大きくなりその分、燃料消費が多くなる。747の場合、重量が増加すると、1飛行時間あたり増加した重量の3％分、燃料を余分に消費した。日本からヨーロッパに飛ぶ場合、飛行時間は12時間ほどになる。この場合、増加した重量の36％分に当たる燃料を余分に消費することになる。安全や快適性を保ちながら1gでも軽くするというところに、各航空会社が力を注いでいる。

ロールスロイス製の787のエンジン問題も、燃費の話が根底にある。ロールスロイス製のエンジンは3スプールといって、軸が3軸ある。3スプールのエンジンは「燃費がよい、音が静か、振動が少ない」と旅客機には最適なのであるが、ベアリングや軸の部品が増え重くなってしまう。重いエンジンは、機体全体の燃費を悪くするため、ロールスロイスでは部品を極限まで薄く、軽く作った。そのため、使用している時に疲労によるクラック（ひび割れ）を起こしやすくなってしまった。早期の解決が望まれる。

おわりに――暗黙知の伝承

いま、多くの企業が技術や知識の伝承に苦しんでいる。優秀な技術を持った技術者や、広範な人脈と過去の知恵を持った人間が、定年退職とともに会社を去ると、会社には暗黙知が残らない。欧米のマニュアル社会と違い、日本の会社の仕事の仕方は属人的である。暗黙知が正しく伝承されないと、会社の中には何の知識も残らなくなる危険がある。

多くの場所で暗黙知の伝承が叫ばれるが、その具体的な方法を示したものはない。この本における最大の目的は暗黙知の伝承である。著者が長年のフライトで身につけた、どのように飛ぶか、どのように人を教えるか、どのように人を育てるか、暗黙知をいかに後輩のパイロットや訓練生に伝えるかが、この本のメインテーマである。

パイロットの世界では、考え方や技術、暗黙知の伝承が非常に重要である。飛行機には膨大な量のマニュアルがあり、様々な規則がある。しかしながら、マニュアルにはパイロットに必要な知識のごく一部分しか書かれていない。「パイロットの考え方」「パイロットの哲学」

にはマニュアルはない。自分が育てたパイロットが多くの人の命を預かる。そのため、いかに優秀なパイロットを育てるかが重要になる。

この本では、飛行機の操縦についての教育をどのように行うべきかを、教官である機長及び、これから副操縦士になろうとする訓練生、さらには機長昇格訓練を受ける副操縦士の立場から書いている。

パイロットの世界では、言われたとおり、教えられたとおりにしか飛べない人間は必要ない。自分で考え、自分で学習し、かつ温かい心を持ったパイロットを養成しなければならない。そこで、様々なパイロットが後輩の育て方を工夫している。さらにその育て方そのものが、次のパイロットへと伝承されていく。

すべての機長が教官になれるわけではない。機長の中でも、技量、人格、教え方など様々な要素を勘案して教官が選ばれる。さらに教官に選ばれた人間には、様々な教育技法や教官としての心構えが教育される。よい訓練生を育てるためには、まずよい教官を育てなければならない。

幸い私の場合には、教育証明を取得し、日本航空のナパ運航乗員訓練所で13名という当時、最多のクラスを受け持ったのをはじめとし、日本航空の訓練部での基礎過程担当、ＪＡ

Lエクスプレスでのライン操縦教官、シミュレータ教官、その後移ったスカイマークでのライン操縦教官と、100人以上の訓練生や副操縦士、機長を教育する機会が与えられ、また多くの教官を育てる機会も与えられた。さらに日本航空およびスカイマークで、テストパイロットとして試験飛行に当たる機会を多数与えられ、限界での飛行機の操縦も経験した。また多くの国際会議に出席することができ、ボーイングやエアバスのテストパイロットと話をし、技術者と話をする機会にも恵まれた。現在は大学で多数の学生にフライトについての様々な知見を教えている。その過程で様々な教育、操縦の技法を学ぶ機会が与えられた。その中から生まれたのがこの本である。

なおこの本は、気象および管制官とのATC（航空交通管制）に関しては、基本的事項を理解していることを前提に書かれている。気象に関しては、拙著『エアラインパイロットのための航空気象』（鳳文書林出版販売）を、ATCに関しては拙著『エアラインパイロットのためのATC』（同前）を参照されたい。さらに過去の航空事故の事故事例と、どのようにしてそれを避けるべきかについては『エアラインパイロットのための航空事故防止1』（同前）を、安全の原理原則については『安全のマニュアル』（同前）を参照されたい。

末尾にはなるが、この本の出版にご尽力いただいたPHP新書課の白地利成副編集長、写真を提供して下さった航空写真家のチャーリィ古庄氏、航空科学博物館の金田彦太郎氏、その他この本の出版にたずさわっていただいた多くの方に改めて御礼を申し上げる。

横田友宏

二〇一八年十二月

PHP新書

PHP INTERFACE
https://www.php.co.jp/

横田友宏［よこた・ともひろ］

元国際線機長。1953年、東京都生まれ。航空大学校卒業後、日本航空（JAL）に入社。747機長として世界30カ国の主要空港へのフライト経験を持つ。運航乗員部ナパカウンセラー、試験飛行室機長、訓練部調査役機長、安全推進本部次長、JALエクスプレス安全推進担当部長等を歴任。2011年よりスカイマーク乗員課機長、ライン操縦教官を務める。現在、桜美林大学教授。操縦教育証明、米国FAAライセンス、気象予報士の資格を所持。著書に『安全のマニュアル――航空の現場から』『エアラインパイロットのための航空気象』『エアラインパイロットのためのATC』（以上、鳳文書林出版販売）などがある。

国際線機長の危機対応力

（PHP新書1171）

何が起きても動じない人材の育て方

二〇一九年一月二十九日　第一版第一刷

著者――横田友宏
発行者――後藤淳一
発行所――株式会社PHP研究所
東京本部――〒135-8137　江東区豊洲5-6-52
第一制作部PHP新書課　☎03-3520-9615（編集）
普及部　☎03-3520-9630（販売）
京都本部――〒601-8411　京都市南区西九条北ノ内町11
組版――有限会社エヴリ・シンク
装幀者――芦澤泰偉＋児崎雅淑
印刷所
製本所――図書印刷株式会社

ISBN978-4-569-84213-4

ＰＨＰ新書刊行にあたって

「繁栄を通じて平和と幸福を」（PEACE and HAPPINESS through PROSPERITY）の願いのもと、ＰＨＰ研究所が創設されて今年で五十周年を迎えます。その歩みは、日本人が先の戦争を乗り越え、並々ならぬ努力を続けて、今日の繁栄を築き上げてきた軌跡に重なります。

しかし、平和で豊かな生活を手にした現在、多くの日本人は、自分が何のために生きているのか、どのように生きていきたいのかを、見失いつつあるように思われます。そして、その間にも、日本国内や世界のみならず地球規模での大きな変化が日々生起し、解決すべき問題となって私たちのもとに押し寄せてきます。

このような時代に人生の確かな価値を見出し、生きる喜びに満ちあふれた社会を実現するために、いま何が求められているのでしょうか。それは、先達が培ってきた知恵を紡ぎ直すこと、その上で自分たち一人一人がおかれた現実と進むべき未来について丹念に考えていくこと以外にはありません。

その営みは、単なる知識に終わらない深い思索へ、そしてよく生きるための哲学への旅でもあります。弊所が創設五十周年を迎えましたのを機に、ＰＨＰ新書を創刊し、この新たな旅を読者と共に歩んでいきたいと思っています。多くの読者の共感と支援を心よりお願いいたします。

一九九六年十月

ＰＨＰ研究所